Début d'une série de documents
en couleur

A M. Léopold Delisle
Humble hommage de l'auteur
C. Douais

L'ARRIVÉE

DES

ÉNÉDICTINS DE SAINT-MAUR

A SAINT-SAVIN DE LAVEDAN

EN 1625

RÉCIT D'UN TÉMOIN

Par C. DOUAIS

Professeur à l'Institut Catholique de Toulous

PARIS

PICARD, Libraire-Editeur

Rue Bonaparte, 82

TOULOUSE

PRIVAT, Libraire-Editeur

Rue des Tourneurs, 45

DU MÊME AUTEUR :

L'Eglise des Gaules et le Conciliabule de Béziers tenu en l'année 356. 1 vol. in-12 .... 3 »

Les Albigeois; leurs origines. 1880. 1 vol. in-8° 7 50

De l'enseignement de l'histoire ecclésiastique, 1882 .... 1 50

Le siège de Carcassonne (1-15 août 1209). 1882 (épuisé).

Les sources de l'histoire de l'Inquisition dans le midi de la France au XIII° et au XIV° siècle. 1881 (épuisé).

L'Eglise et la croisade contre les Albigeois. 1882 (épuisé).

Le Pèlerinage de Notre-Dame de Pitié de Mougères (Hérault). Son histoire et son culte. 1883 .... 1 50

Soumission de la vicomté de Carcassonne par Simon de Monfort. 1884 (épuisé).

Essai sur l'organisation des études dans l'ordre des frères Prêcheurs au XIII° et au XIV° siècle. 1884. In-8° 8 50

Le P. Polycarpe de Marciac. 1884 .... 1 »

De l'auteur du Stimulus amoris. 1885 .... 1 »

Les frères Prêcheurs à Pamiers au XIII° et au XIV° siècle. 1885. In-8° .... 3 »

Les frères Prêcheurs en Gascogne au XIII° et au XIV° siècle. 1885. In-8° .... 15 »

La Persécution des chrétiens de Rome en l'année 64. 1885 (épuisé).

Practica Inquisitionis heretice pravitatis, auctore BERNARDO GUIDONIS. Document publié pour la première fois. In-4°, 1886 .... 12 »

Inventaire des biens meubles et immeubles de l'abbaye de Saint-Sernin de Toulouse, dressé le 14 septembre 1246. 1886. In-8° .... 3 »

Saint Thomas d'Aquin dans la dévotion chrétienne au XIV° et au XVII° siècle. Etude historique. In-12 .... 1 »

Cartulaire de l'abbaye de Saint-Sernin de Toulouse (844-1200). In-4°, 1887 (couronné par l'Institut) .... 40 »

Deux reliquaires de l'église Saint-Sernin de Toulouse. Mémoire accompagné de huit dessins. In-4°, 1888 .... 2 »

Capucins et Huguenots dans le Languedoc sous Henri IV, Louis XIII et Louis XIV. Première partie : Capucins et Huguenots sous Henri IV. In-8°, 1888 .... 2 »

Documents pontificaux sur l'évêché de Couserans (1425-1619), publiés pour la première fois. In-8°, 1888 .... 2 »

Un nouveau manuscrit de Bernard Gui et des chroniques des papes d'Avignon. In-4°, 1889 .... 3 »

Saint Germier, évêque de Toulouse au VI° siècle. Examen critique de la *Vie*. In-8°, 1890 .... 3 »

Les manuscrits du château de Merville. Notice, extraits et fac-similés. In-8°, 1890 .... 7 50

La coutume de Montoussin (août 1270). Texte roman publié pour la première fois. In-8° .... 2 »

Etat du diocèse de Saint-Papoul en 1573. Document inédit .... 2 »

Auch, imprimerie et lithographie G. FOIX, rue Balguerie.

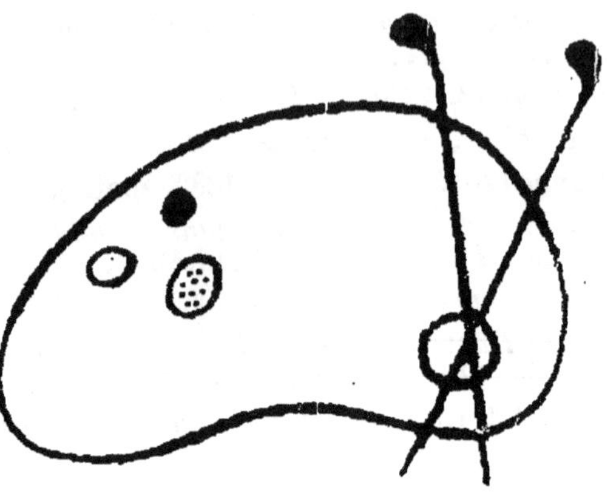

Fin d'une série de documents
en couleur

L'ARRIVÉE DES BÉNÉDICTINS DE SAINT-MAUR

A SAINT-SAVIN DE LAVEDAN EN 1625

L'ARRIVÉE

DES

BÉNÉDICTINS DE SAINT-MAUR

A SAINT-SAVIN DE LAVEDAN

EN 1625

RÉCIT D'UN TÉMOIN

Par C. DOUAIS

Professeur à l'Institut Catholique de Toulouse

PARIS	TOULOUSE
A. PICARD, Libraire-Editeur	PRIVAT, Libraire-Editeur
Rue Bonaparte, 82	Rue des Tourneurs, 45

1891

L'ARRIVÉE DES BÉNÉDICTINS DE SAINT-MAUR

A SAINT-SAVIN DE LAVEDAN EN 1625

RÉCIT D'UN TÉMOIN

Sous le titre : *Abbaye de Saint-Savin de Lavedan* (*Hautes-Pyrénées*) (1), M. Paul Lafond a consacré, il y a trois ans, à cette célèbre abbaye pyrénéenne une notice intéressante, accompagnée de treize excellents dessins. Etranger au pays, je lui emprunte cette description du site :

Au fond de la vallée de Lavedan, une des plus belles et des plus riches des Pyrénées, dans une merveilleuse situation, accrochée aux flancs d'une haute montagne, se trouve l'antique et célèbre abbaye de Saint-Savin, dominant le cours du Gave de Pau, qui bondit, dans le fond, bien au-dessous d'elle. De cette position merveilleuse, la vue s'étend sur une infinité de villages éparpillés à la base ou sur le penchant des montagnes environnantes, couvertes de chênes et de châtaigniers jusqu'à mi-hauteur, et, au-delà, de sapins. Elle s'élève ensuite jusqu'aux sommets, toujours couronnés de neige, des plus hauts pics de la chaîne, le Vignemale, le Neouvielles, le Mont-Perdu, le Pic-du-Midi. A gauche, s'ouvrent deux gorges étroites : l'une sauvage, aux masses granitiques, où les yeux ne perçoivent que des sapins et des rochers nus, c'est celle de Cauterets; l'autre, moins ravagée et aux pentes moins abruptes, c'est celle de Luz et de Saint-Sauveur (2).

M. Lafond donne ensuite un court résumé de l'histoire de l'abbaye et une description de son église, dont le vicomte de Gourgues avait, dès 1844, signalé l'importance, et de chacune des parties les plus curieuses des bâtiments du monastère.

(1) *Bulletin monumental*, novembre-décembre 1886, p. 580-593; janvier-février 1887, p. 1-18.
(2) Novembre-décembre 1886, p. 580.

La partie historique de cette notice, que les lecteurs de la *Revue de Gascogne* connaissent sans nul doute, s'arrête à l'introduction de la réforme de Saint-Maur sous le gouvernement et par les soins de l'abbé Jean-Michel de Saint-Sivié. De même, le *Recueil historique, chronologique et topographique des archevêchés, évêchez, abbayes et prieurez de France*, de Dom Beaunier (1); le *Gallia Christiana* lui-même ne va pas plus loin. Or, les archives de la Haute-Garonne possèdent un récit certainement véridique de la cession de l'abbaye de Saint-Savin aux Bénédictins de la réforme de Saint-Maur. Il est encore inédit, et on jugera s'il mérite d'être publié. Avant de le donner, je voudrais d'abord dire un mot, ne serait-ce que pour les signaler, des documents relatifs à Saint-Savin de Lavedan qui se trouvent au département des manuscrits de la Bibliothèque nationale. Je voudrais ensuite faire connaître l'occasion et l'auteur de l'introduction de la réforme de Saint-Maur à Saint-Savin.

I. Documents de la Bibliothèque nationale sur Saint-Savin de Lavedan.

Ces documents, pièces, chartes et récits proviennent tous des Bénédictins eux-mêmes. « Une circulaire de dom Grégoire Tarisse, en date du 13 novembre 1647 (2), provoqua dans chaque maison de la congrégation la recherche, la transcription ou l'analyse des pièces de tout genre relatives à l'histoire de l'Ordre (3). » D. Luc d'Achery, D. Mabillon, D. Montfaucon et D. Audren de Kerdrel poursuivirent successivement et pendant près d'un siècle le vaste dessein de D. Tarisse. D'immenses travaux et les plus belles publications

(1) Tom. I, pp. 103, 104. In-4°, Paris, 1726.

(2) Un exemplaire imprimé de cette circulaire est dans le Ms. français 22313, fol. 245 (Note de M. Delisle).

(3) M. Léop. Delisle, *Cabinet des manuscrits de la Bibliothèque nationale*, II, p. 59. M. Léop. Delisle a reproduit cette circulaire.

de l'érudition française résultèrent de ces recherches partout actives et continues. Pour me borner ici à l'histoire de leur ordre, les Bénédictins donnèrent deux grands ouvrages : 1° *Acta sanctorum ordinis Sancti Benedicti* (9 vol., 1668 à 1701), de la vie de saint Benoît au XIe siècle; 2° *Annales ordinis Sancti Benedicti.* Six volumes seulement ont paru. Le dernier, publié en 1739, s'arrête à l'année 1157. « Les matériaux qui pouvaient continuer les Annales, dit M. Léopold Delisle, sont épars dans un très grand nombre de manuscrits, parmi lesquels je dois indiquer les 147 volumes n°s 12658-12704 du fonds latin, qu'on a intitulés *Monasticon benedictinum* (1). » En outre, D. Michel Germain avait formé le projet de consacrer une notice particulière à chacun des monastères qui avaient accepté la réforme de Saint-Maur; chaque notice ou histoire devait être accompagnée de planches. L'ensemble devait former un ouvrage considérable, ayant pour titre : *Monasticon gallicanum.* Saint-Savin de Lavedan, la treizième des abbayes qui avaient accepté la réforme de Saint-Maur, eut son rang dans l'œuvre de D. Germain, qui nous a été en grande partie conservée dans les manuscrits latins 11818 et 11819 (2).

La Bibliothèque nationale, département des manuscrits, fonds latin, possède, à ma connaissance, six manuscrits non exclusivement relatifs à Saint-Savin, mais contenant des documents sur cette abbaye. Deux font partie du *Monasticon gallicanum*, ce sont les n°s 11819 et 11820; trois appartiennent au *Monasticon benedictinum*, ce sont les n°s 12695, 12696 et 12697. J'en donne ici un détail.

Ms. 11819, fol. 222 à 232 : Notice en latin, comprenant neuf chapitres :

I. Monasterii primordia; duplex excidium et instauratio.
II. Ecclesia.

(1) *Cabinet des manuscrits*, II, p. 67.
(2) *Ibid.*, p. 68.

III. Jura seu praerogativae.
IV. Eventus varii.
V. Abbatum series.
VI. Alii viri genere et pietate insignes.
VII. Benefactores praecipui.
VIII. Sepulturae.
IX. Beneficia.

Cette notice s'arrête à Jean de Tersac, qui fut abbé après Jean-Michel de Saint-Sivié, mort en 1651.

Ms. 11820, fol. 95 : Vue topographique de Saint-Savin de Lavedan, qui a été reproduite par M. Peigné-Delacourt (1).

Ms. 12695, fol. 349-384 : *Histoire du monastère de Saint-Savin, dans le comté de Bigorre et vicomté de Lavedan.*

Chap. 1er : Quelques opinions sur le temps de sa fondation.
Chap. 2e : Du temps de la fondation du monastère de Saint-Savin.
Chap. 3e : De la restauration du monastère de Saint-Savin.
Chap. 4e : De ce qui regarde l'esglise et les reliques du monastère.
Chap. 5e : Des droits et prérogatives spirituelles et temporelles dudit monastère.
Chap. 6e : Des différens succés arrivés en divers temps.
Chap. 7e : Des bienfaiteurs.

Cette *Histoire* s'arrête après l'introduction de la réforme de Saint-Maur. Au fol. 379, on en lit un récit que je donnerai plus bas.

Ms. 12696, fol. 1 à 33.

Fol. 1 r° : Sancti Savini Tarbeiensis vita.

Fol. 1 v° : Histoire du monastère jusqu'en 1696, dans l'ordre chronologique, augmentée d'un *Addenda* au fol. 27 v°.

Fol. 30 r° : *Lectiones secundi nocturni officii novi sancti Sabini confessoris ex actis ejus et antiquis breviariis ac diversis picturis ecclesiae.*

Ms. 12697, fol. 54-77 : *Sinopsis rerum memorabilium abbatiae Sancti Savini ordinis Sancti Benedicti, congregationis Sancti Mauri, in valle Levitana.*

(1) *Monasticon gallicanum*, planche x, 2 vol. in-4°, Paris, 1869, 1870.

Extraits de Duchesne, du *Gallia*, etc.

Le sixième manuscrit que j'ai à signaler est le n° 12779, fonds latin, fol. 377 à 384. Il contient un petit recueil de chartes, précédées de la rubrique : *Descripsit propria manu R. P. Rolle.*

II. Occasion de l'introduction de la Réforme de Saint-Maur à Saint-Savin de Lavedan.

Les auteurs des diverses notices qui viennent d'être signalées semblent s'être inspirés des mêmes documents et des mêmes traditions : les mêmes faits sont plusieurs fois répétés. Celle qui m'a paru après une première lecture la plus complète, pour la partie dont elle traite du moins, et la plus digne d'attention, est celle du manuscrit 12695. Je reproduis ici le chapitre 7e, un peu long, où l'auteur a décrit les désordres qui rendirent une réforme nécessaire, et les commencements de cette réforme par les religieux de Saint-Maur. Au surplus, du moins pour le second point, l'auteur s'inspira peut-être du récit anonyme qui fait l'objet principal de cet article. En tout cas, il aidera beaucoup à le comprendre, puisqu'il lui servira comme d'introduction. Il en indiquera déjà l'auteur, qui s'est caché sous le voile de l'anonyme. Enfin, écrit par un religieux de Saint-Savin, il nous permettra de le soumettre à un contrôle plus exact.

CHAP. 7e. — *Des différens succès arrivés en divers temps.*

Ce que j'[ai] dict dans les chapitres precedens donne assés à entendre que nostre monastère n'a pas esté exempté des changements et des différens succès qui arrivent pour l'ordinaire aux antiennes maisons; et bien que le monastère soit scitué dans un lieu extrêmement fortifié par la nature, il en appareust hors du danger de ressentir la vigueur des armes estrangères, je trouve neantmoins qu'il doit sa première ruine aux armes d'Aragon qui traversèrent tous les dangiers qu'on trouve dans les Mons Pirénées. Ce doit estre la cause de la première désolation du premier monastère qui fut entièrement détruit, et les religieux que cet empereur y avoit faict venir furent entièrement chassés quelque temps après, comme il a esté dict. Le comte Raymond remit le monastère, et y fit venir des religieux bénédictins qui vescurent dans l'observance pendant quelque temps. Mais s'estant relachés, peut-être à l'occasion de la guerre que les Aragonois portèrent dans le pays en l'année 1073, ils donnèrent occasion au comte Centule de faire venir des religieux de l'abbaye de Saint-Victor de Marseille, du temps de l'abbé et cardinal Richard, ce qui arriva en l'année 1081. Ceste réforme réussit et remit les religieux dans une parfaite observance, comme il a esté remarqué dans la vie de l'abbé Sancius, sous lequel, quelque temps après, ils tombèrent entièrement dans le relasche : ce que nous croyons dire arrivé depuis les commandataires, sous lesquels ils quittèrent l'unique marque extérieure qu'ils avoint conservé[e] jusques alors. Du despuis ils parvindrent dans un si grand désordre qu'ils ressembloint plustôt des personnes du siècle que des ecclésiastiques; jusques là qu'il s'y trouva deux religieux qui avoint une inimitié mortele contre un de leurs confrères, qu'ils obligèrent des gens sans religion (chose inouye jusques alors) armées de gispes et entrées dans le cœur pendant vespres affin de tuer ce religieux. La chose fut executée comme ils l'avoint prémédité, de sorte que ce religieux fut tué au milieu de ses confrères, tandis qu'on chantoit les louanges de Dieu. Ceste action si noire fut poursuivie au parlement de Thoulouse; il fut tant procédé que les deux religieux qui avoint faict faire le coup furent declarés coupables de meurtre et de sacrilège, et pour ceste rayson condamnés comm'ils méritoint.

Cet accident si surprenant fit naistre l'occasion affin d'y introduire la refforme. M. l'abbé de Saint-Sivier, qui desiroit de tout son cœur de remettre son abbaye dans sa première splendeur, fit voir dans ceste occasion, par son exemple, que les abbés, quoique commendataires, ne sont pas moins obligés à procurer le restablissement de la discipline regulière dans les abbayes qui leur sont confiées, que s'ils estoint effectivement réguliers et pères de religieux. L'obligation de la recognoissance que conserve encore le monastère pour ce digne abbé mérite que jettende un peu plus au long ceste matière que je n'aurois faict.

La vie escandaleuse que menoi[n]t les antiens du monastère vint à tel point, que, pour parler nettement, on ne pouroit en entendre faire le récit sans en avoir honte. M. l'abbé de Saint-Sivier, qui estoit une personne d'un grand scavoir et d'un grand mérite, comme il a paru par ses actions, résolut d'y mettre quelque ordre. Tandis qu'il estoit dans ce dessein, l'histoire tragique cy-dessus arriva en l'année 1615. Ceste mort si surprenante ayant esté poursuivie, fit descouvrir deux religieux complices, de sorte que dès lors Mr l'abbé, qui avoit formé le dessein de restablir la discipline régulière dans ceste abbaye, ne voulut point nommer personne à ces trois places vacantes, espérant s'en servir dans une meilleure occasion. Dans cet intervale il aprit qu'il y avoit du costé de France une nouvelle [règle] érigée par l'authorité du pape et du roy Louis 13e, de mesme qu'il y avoit eu déjà pleusieurs monastères qui l'avoint embrassée. Cette nouvelle luy fit espérer de voir un jour l'accomplissement de son bon dessein. Il escrivit tout aussy tost aux supérieurs de la congrégation, les priant instament de luy vouloir envoyer des religieux pour refformer son abbaye. Le petit nombre de sujets que la congrégation avoit dès son commencement ne permit pas aux supérieurs de luy octroyer ce qu'il demandoit, d'autant mieux que c'estoit dans un lieu extrémement escarté. Cette raison ne rebuta point ce bon abbé; au contraire, esperant tousjours de voir son dessein accomply, [il] s'emploia auprès de M. l'archevesque de Thoulouse Louys de la Valete, qui désiroit aussy la refforme de l'ordre de Saint-Benoît dans la province; il obtint de la libéralité de ce prélat 8000 livres pour achepter une maison, affin d'y placer un noviciat ou séminaire pour les religieux qui viendroint. Le bon abbé, favorisé de M. le premier président de Thoulouse, nommé Le Masuyer, escrivit aux supérieurs, et leur fait scavoir qu'ils auroint une maison et des religieux qui désiroint les imiter, ainsy qu'il les prioit tant de son nom que de ces bons religieux, de ne différer pas plus longtemps de venir, affin de remettre par leur moyen l'antien esprit de saint Benoît dans les monastères de la province, et principalement dans celui de Saint-Savin. Les instances de ce digne abbé ne peurent estre refusées, de sorte qu'il fut délibéré envoyer trois religieux à Thoulouse affin d'y fonder un novitiat : ce qui fut faict peu de temps après leur arrivée, qui fut le dernier novembre 1622. A mesme temps, après s'estre logés à l'archevêché en attendant qu'on fit l'achapt d'une maison, ils receurent plusieurs novices d'un trés grand mérite à cause de leur singulière vertu dans un aage avancé, et tous autres religieux de divers monastères de Languedoc. Après l'année de noviciat, l'abbé de Saint-Sivier pressa de nouveau le R. P. du séminaire de Saint-Louis de luy donner des religieux pour refformer son monastère : ce qui luy fut octroyé; et à mesme temps il passa concordat avec nos pères, par lequel il leur donna cinq places monachales et deux prieurés dépendans de l'abbaye;

et affin de n'obmettre rien qui peut advancer son dessein, il s'offrit de faire la despence des religieux qu'on envoyeroit dans son abbaye et de les meubler le mieux que le[s] temps le permettroint. La chose fut exécutée comme il l'avoit promise. Enfin deux religieux arrivèrent au mois de janvier de l'année 1624 et prirent possession du monastère. On ne scauroit exprimer la joye qu'apporta leur arrivée aux pauvres habitans du pays qui espèr[oi]ent estre instruicts par leur moyen de la doctrine du ciel qui estoit fort peu cogneue dans ce pays et encore moins pratiquée. Leur attente ne fut pas vesne (*sic*); les predications et les catéchismes que faisoint ces bons religieux firent si grand fruict que leur reputation attiroit tout le pays, de sorte que le monastère n'estoit qu'un abbord de monde qui venoit de toutes parts pour entendre ces nouveaux apostres. Aussy avoint-ils un zèle véritablement apostolique, qui convertissoint les pécheurs les plus endurcis. On remarque encore aujourd'huy le fruict de leurs peines et des travaux de ces premiers pères dans la fréquentation que le peuple principal de Saint-Savin faict des sacremens. Peu de temps après, on envoya cinq autres religieux, affin de participer aux mérites de leurs confrères et de les ayder dans leurs travaux. Par ce moyen la refforme refforma non seulement le monastère, mais aussy le pays, par la refformation qu'ils firent de leurs mœurs.

Je ne dois pas oublier les noms de ces premiers religieux, puisqu'ils ont si bien mérité par leurs saintes actions d'estre honorés après leur mort comme de grands serviteurs de Dieu. Voicy leurs noms : les Reverends pères Dom Ambroise Tarb[oriech], Dom Odo Lamothe, Dom Anselme Rolle, Dom Hugues Calmeil, D. Edmond Damb[es] et D. Robert Berdoulat, et R. P. D. Paul d'Ilaire, qui fut nommé supérieur du monastère. Ce sont les premiers religieux qui ont refformé cette maison qui se conserve encore aujourd'huy, par la miséricorde de Dieu, dans sa première observance. Et je puis dire avec vérité que le monastère doit son bonheur et son rétablissement à la piété et au zèle de son abbé commendataire, M. de Saint-Savin, qui ne désista jamais de poursuivre son premier dessein jusques à ce que Dieu luy fit la grâce de le voir accompli aussy parfaictement qu'il l'auroit peu souhaitter. Cet amour qu'il avoit pour le monastère pendant sa vie ne peut estre interrompu par sa mort, puisqu'il ordonna que son corps fut porté après sa mort là où son cœur avoit esté attaché pendant sa vie; il est enseveli dans le presbitère, sous la lampe du grand autel (1).

(1) F. 377 v° à 381 r°.

III. L'abbé de Saint-Sivié et les premiers religieux de la Réforme de Saint-Maur à Saint-Savin de Lavedan.

L'auteur de cet intéressant récit attribue à l'abbé de Saint-Sivié toute l'initiative et tout le mérite de l'introduction de la Réforme de Saint-Maur à Saint-Savin de Lavedan; il a nommé aussi les premiers religieux qui en assurèrent le succès: D. Ambroise Tarbouriech, D. Odo Lamothe, D. Anselme Rolle, D. Edmond Dambes, D. Robert Berdoulat, D. Paul d'Hilaire et D. Hugues Calmeils. Faisons plus ample connaissance avec l'abbé et les religieux.

Saint-Sivié (Saint-Sevié, Sensebié, Sen Sebié) était une ancienne maison seigneuriale, située dans le village appelé autrefois le Barry de Bénac, commune actuelle de Barry, canton d'Ossun (Hautes-Pyrénées) (1). Les seigneurs de cette maison portèrent longtemps le nom de Saint-Sivié. « Il y a apparence, dit l'abbé de Vergès, que Saint-Sivié devint le partage d'un cadet de Bénac par l'extinction de la postérité masculine, qui épousa l'héritière dont sortit Mathieu de Monthart, seigneur de Saint-Sebié (2). » Larcher, après avoir fait la même réflexion, ajoute: « Boos, Brouïlh ou Bourg de Montaut rendit, en 1478, hommage en qualité de seigneur de Sen Sebié (3), du chef de Geneviève de Sen Sebié, sa femme, à Arnaud de Montaut, baron de Bénac, son frère (4). »

François de Montaut, seigneur de Saint-Sivié, gentilhomme ordinaire du roi de Navarre, se maria, le 10 décembre 1579, au château d'Aries, avec Paule de Faudoas (5), fille de Cor-

(1) M. Balencie, *Enquête de Bigorre en l'année 1300*, p. 107, not. 2. Tirage à part. A paru d'abord dans *Souvenir de la Bigorre*.

(2) *Notes généalogiques*. Ms. des Archives des Hautes-Pyrénées.

(3) *Dictionnaire histor. et généalog.*, au mot *Sensebié*. Ms. des Archives des Hautes-Pyrénées.

(4) Le Parlement de Toulouse a rendu plusieurs arrêts (XVIe et XVIIe siècles) relatifs aux Montaut et aux Bénac. Voyez la *Table* de la série B des Archives de la Haute-Garonne, aux mots *Bénac* et *Montaut*.

(5) Voyez également au mot *Faudoas*.

beyran, seigneur de Ségreville (1), et de Catherine de Béon-Sère (2). Il eut de ce mariage : 1° Bernard; 2° Etienne; 3° Pierre, dit M. d'Arbouix; 4° Françoise, veuve, en 1650, de Simon d'Olive, conseiller au Parlement de Toulouse; 5° « Jean-Michel, nommé à l'abbaïe de l'Escaledieu, qu'il permuta avec celle de Saint-Savin en Lavedan, que Bernard de Sariac avait obtenue (3). »

C'est donc vers 1585 que Jean-Michel de Saint-Sivié était né. En 1623, et probablement avant cette date, il fut pourvu d'un canonicat à Toulouse; au titre de chanoine il joignit celui d'archidiacre de Toulouse (4). Il résida alors dans cette ville. Il dut prendre part à l'administration du diocèse sous le cardinal de La Valette, de conserve avec M. de Rudèle, qui montra un caractère si ferme et une activité digne de tout éloge, si elle n'eût fini par être importune. Ce sont ses actes d'énergie qui amenèrent le diocèse de Toulouse à réclamer contre l'indifférence du cardinal-archevêque, qui n'était pas encore dans les ordres. Le chapitre alla bien loin dans son opposition, puisqu'il prétendit que les actes d'administration diocésaine accomplis sous l'autorité d'un archevêque non sacré étaient nuls de plein droit : erreur évidente, puisque Louis de La Valette, bien que chef d'armée, avait été régulièrement nommé par Paul V, qui, passant par dessus son âge et sa qualité de capitaine, avait chargé Philippe de Cospéan, évêque d'Aire, d'administrer le diocèse de Toulouse (5), en son nom; et celui-ci avait, à son tour, pourvu à l'administration du diocèse en nommant M. de Rudèle vicaire général. Cependant cette opposition, qui mit dans ses

(1) Voyez également aux mots *Corbeyran* et *Ségreville*,

(2) Voyez également aux mots *Béon* et *Sère*.

(3) Larcher, *Op. cit.*

(4) Bib. nat. Ms. latin 12696, fol. 27.

(5) Le bref de Paul V à Louis de La Valette, régularisant sa situation, se trouve dans un volume Ms. qui m'a été communiqué par M. J. de Malafosse et dont j'ai dit quelque chose dans le *Bulletin de la Société archéologique du Midi de la France*, série in-8°, n° 2 (1888), p. 98.

intérêts Le Masuyer, premier président au Parlement, et le cardinal Jean de Bonsi, finit par triompher (1). En 1627, Louis de La Valette renonça à la carrière ecclésiastique en résignant son siège (2).

Nous ne savons pas quelle attitude prit dans cette affaire délicate Jean-Michel de Saint-Sivié, chanoine, vicaire général de Toulouse, abbé de Saint-Savin de Lavedan. Il avait d'autres préoccupations, et il semble être resté étranger aux questions que le retard de Louis de La Valette à entrer dans les ordres faisait naître. Avant tout, il était abbé de Saint-Savin; jusqu'au jour du succès, il ne cessa de penser à y faire rentrer l'ordre, l'honnêteté et la religion. La réforme dite de Saint-Maur venait de s'établir sous l'impulsion puissante du P. Colomban Regnier. Elle était le salut. Il ne songea pas cependant à l'appeler directement à Saint-Savin; du moins, nous le voyons dans l'intention très arrêtée, dès l'année 1621, d'établir à Toulouse le séminaire Saint-Louis, où l'on élèverait « de jeunes religieux dans la piété et la discipline régulière qu'ils devaient ensuite porter dans leurs monastères (3). » En juillet 1621, D. Colomban Régnier était venu à Toulouse. Le projet avait été élaboré. Mais probablement sans le zèle opiniâtre de Jean-Michel de Saint-Sivié, il n'aurait pas été mis de sitôt à exécution. Voici, en effet, la lettre que, étant à Paris, il adressa au P. Colomban Régnier, à la date du 15 janvier 1622 :

Au Reverend Pere le P. Colombain, supérieur des Bénédictins reformés de la Congregation de Saint-Maur à Vendosme (4).

Mon révérend Pere, j'ay esté bien marry de ne vous avoir peu rencontrer en ceste ville, y estant arrivé un jour après votre depart, et y estant veneu exprès pour vous importuner encores de nous vouloir

(1) *Ibid.*, p. 101, Lettre du cardinal de Bonsi à Le Masuyer
(2) *Gall. Christ.*, XIII, 60, 61. Alt. edit.
(3) D. Martène, Ms. communiqué par D. Piolin.
(4) Adresse placée extérieurement sur le pli de la lettre.

assister de quelques uns de vos pères pour mettre en exécution le dessain que nous avons fait d'establir un séminaire à Tholose, pour comancer en ce ressort là la réforme de l'ordre de Saint-Benoist. Vous sçavés qu'il y a de fort bonnes dispositions pour ce subject, qui ont augmenté despuis votre depart de six mille livres, que Monseigneur le Cardinal de la Vallette a donné pour le comancement de ce bon œuvre; comme je vous ay desja escript de Bordeaus, vous verrés par la lettre de M[r] le premier président la réytération de ses instances et de toute la Cour de Parlement, que nous continuerons jusques à ce que vous nous ayés octroyé ce que justement nous vous demandons pour le bien de votre ordre et pour la satisfaction des bons relligieus que vous avés rencontrés à Tholose en votre voyage, qui seroint frustrés de leur atente si vous n'acomplissés ce qu'ils se sont promis de votre assistance et piété. Je m'asseure que vous aurés pitié d'eus, puisqu'ils sont si constans en leurs bonnes résolutions, comme vous verrés par la lettre du prieur de Sesenon que j'ay baillée au supérieur des Blancs Manteaus avec celle de M[r] le premier président pour vous les faire tenir avec la présente. J'ay esté tout resjouy, en passant à Poytiers, d'avoir aprins par le père Benoist que vous estiés enclin à nos prières. Mais je ne seray pas content que je n'en aye veu les effaits. Je vous suplie de me faire sçavoir icy votre volonté, où je ne seray pas longtemps : car je voudroys estre de retour à Tholose dans la fin du moys prochain ou plus tost. Et rien ne m'a amené en ces quartiers ny ne m'y arrestera que cest affaire, que j'ay autant à cœur que tout'autre. Donnés moy, je vous suplie, de vos nouvelles; et excusés notre importunité; et me croyés, comme fort affectionément je le suis,

Mon révérend Père,

Votre serviteur très humble,

M. DE SAINT-SIVIE.

A Paris, ce xv jen. 1622 (1).

L'année suivante, le séminaire tant désiré fut définitivement établi sous le nom de séminaire Saint-Louis. Le 14 juin 1623, D. Colomban Regnier, supérieur des religieux bénédictins de la Congrégation de Saint-Maur, donna pouvoir aux

(1) Lettre originale avec le sceau de M. de Saint-Sivié sur le pli cacheté, deux fois répété. (Aschives de la Haute-Garonne. Fonds de la Daurade, liasse 205, séminaire Saint-Louis.)

religieux qui se trouvaient déjà à Toulouse d'acheter une maison pour le séminaire (1).

Cependant, l'abbé de Saint-Savin, qui voyait ses saints désirs se réaliser, n'avait pas attendu l'établissement définitif du séminaire pour commencer à mettre à exécution l'autre projet, dont celui-ci, dans sa pensée, devait amener la pleine exécution. Le 6 décembre 1622, il donna à D. Paul d'Hilaire une prébende vacante dans son abbaye avec le prieuré de Barèges (2). Enfin, le 9 novembre 1623, un traité fut passé avec D. Thomas Baudry, supérieur du séminaire, pour l'établissement de la Réforme de Saint-Maur à Saint-Savin de Lavedan; et le 20 janvier 1624, les religieux de la Congrégation de Saint-Maur prirent solennellement possession de l'abbaye (3).

J'ai déjà nommé les premiers qui y furent envoyés. C'étaient D. Paul d'Hilaire, D. Ambroise Tarbouriech, D. Odo Lamothe, D. Anselme Rolle, D. Edmond Dambes, D. Robert Berdoulat, et D. Hugues Calmeils, plus tard D. Maur Barrés. D. Thomas Baudry ou Bauldry, avec lequel l'abbé de Saint-Sivié traita, appartenait depuis un an seulement à la Congrégation. Né à Parigné-l'Evêque (Sarthe), il avait fait profession à Saint-Augustin de Limoges, à l'âge de 34 ans, le 2 décembre 1622. Il présida à la fondation du séminaire Saint-Louis à Toulouse. Comme procureur fondé du supérieur de la Con-

(1) Acte en parchemin cotté anciennement 10 Q. L. 1, n° 1. Archives de la Haute-Garonne, H. Daurade. On acheta une maison à la rue du Taur. En 1639, le séminaire Saint-Louis fut transporté à la Daurade, où les Bénédictins établirent un noviciat pour toute la province.

(2) « Joannes Michael de Sancto Sivie, abbas commendatarius Sancti Savini, contulit domno Paulo d'Hilario, congregationis Sancti Mauri monacho, unum locum, seu proebendam monachalem, in dicto monasterio, cum prioratu Sanctae Mariae de Bariege. Actum VI decembris, anno Domini MDCXXII. » Bibl. nat., Ms. latin 12696, fol. 29.

(3) « Joannes Michael de Sancto Sivié, canonicus et archidiaconus ecclesiae Tolosanae, pepigit cum domno Thoma Baudery, congregationis Sancti Mauri, seminarii Tolosani prioris, de restituenda in hoc monasterio regulari observantia beneficio monachorum ejusdem congregationis. Actum IX novembris, anno Domini MDCXXIII.

» Vigesimo insequentis anni die, septem ex ejusdem congregationis et monasterii monachi divinis rebus inibi solemni ritu operati sunt. »

Bibl. nat. Ms. latin 12696, fol. 27.

grégation, il acheta, le 8 juillet 1623, « à noble Jacques Puget, bourgeois de Tholose, seigneur de Gafelage, » sa maison sise à la rue dite alors « Grand'rue Saint-Sernin, » pour la somme de dix mille trois cents livres (1), qui fut payée le 31 octobre suivant « en pistoles d'Italie, escus, sol et monoye faisant ladite somme par mains et deniers propres particuliers du sieur Pierre Possoy, marchant de Tholose (2). » De cet argent, huit mille livres avaient été fournies par le cardinal de La Valette; car, le 15 décembre suivant, le sieur Possoy déclara devant notaire :

La vérité être telle, que ladite somme de huict mille livres tournois les six mil nonante trois sont et proviennent de pareille somme que luy avoit esté baillée par ledit sieur abbé de Saint-Sivié, suivant le récépissé que ledit sieur Possoy avoit fet (*sic*) au dit sieur de Saint-Sivié, puis le vingt quatriesme juin mil six cens vingt et deux, laquelle somme de dix mil nonante trois livres tournois ledit sieur abbé de Saint-Sivié a dit estre et provenir de la libéralité et don gratuit de Monseigneur l'Illustrissime et Révérendissime Cardinal de la Valete, archevesque de Tolose, pour l'affection qu'il a à l'establissement du Seminaire réformé des pères Bénédictins et pour l'acquisition de ladite maison pour faire leur dit Séminaire en Tholose (3).

Le 15 mars 1625, le sieur Possoy, alors capitoul, reconnut

Avoir eu et receu de M. Mercier, receveur et paieur de ladite Cour de Parlement, trésorier de Monseigneur l'Illustrissime et Révérendissime cardinal de la Valete, archevesque de Tolose, et des deniers dudit seigneur, la somme de deux mille livres tournois, pour son entier remboursement de la somme de huict mille livres qu'il auroit paiée audit sieur Puget par la quittance du dernier d'octobre mil six cens vingt trois (4).

Le contrat d'achat de la maison du séminaire Saint-Louis était à peine signé, que déjà D. Thomas Baudry, encore ce-

(1) *Livre des actes retenus par maistre Aymeric Ayral, notaire royal, pour le séminaire de Sainct-Louis en Tholose*, p. 1, 2. Archiv. de la Haute-Garonne, H. Daurade.
(2) *Ibid.*, p. 3.
(3) *Livre des Actes*, etc., p. 4.
(4) *Ibid.*, p. 5.

pendant logé à l'archevêché, songeait, dans son zèle, à prendre pied dans l'important prieuré de la Daurade. Il en écrivait à D. Colomban Regnier, supérieur de la Congrégation; et celui-ci lui répondait avec ce grain de prudence et ce ton de grave et sincère affection qui, depuis, ont distingué les religieux de Saint-Maur :

Au R. P. Thomas Baudry, religieux, logé en l'archevesché à Tholose.

PAX CHRISTI.

Mon R. Père, J'ay consulté et fait consulter l'affaire de la Daurade, quatre ou cinq fois; et au fond, on a trouvé que facilement on obtiendroit un indult pour M[r] le president, à ce qu'il puisse juger *in criminalibus* et jouir d'une pension; mais on a aussy tousjours creu que sans le consentement de Mr de Cluny, de ses Religieux et de Mrs de la Daurade, nous ne pouvions tenir ce prieuré, ny au nom d'un particulier, ny comme uny à tout le corps de la congrégation; et je pense vous avoir assez donné à entendre cecy par ma précédente. Je tacheray à faire encores consulter, afin de voir si on pourroit trouver quelque expédient; et en ce cas, je vous en advertiray. Je tacheray de vous envoyer au prochain voyage quelque formulaire de contract. On s'est servy de ce que vous avez souvent escrit de Cessenon, à scavoir qu'on y pourroit nourrir huit religieux, mais non douze. Si on y en peut nourrir douze, il y aura tousjours bien moyen de chercher les inventions d'y mettre des Religieux, pourveu qu'on le puisse cependant asseurer par le moyen d'une dispence, en nommant un vicaire perpétuel, ou par quelque autre invention que vous pourez mieux trouver de delà par consultation faicte avec fidèles amys; de deça on ne peut bien penetrer tous les tenants de l'affaire, et partant on n'en peut pas bien juger. Anthoine viendra bien en son temps, et n'est pas tant à propos de presser maintenant cela. Je suis bien joyeux que votre logis s'accomode; mais gardez-vous bien de vous mettre dans de chambres desquelles les entredeux soient fraichement massonnez, car cela vous rendroit tous malades, et peut estre vous fairoit mourir : l'experience de tels accidents est trop frequente de plusieurs endroit[s]. Je suis encores plus joyeux de la bonne disposition de Messieurs de Saint-Sernin, dô quoy j'estois grandement en peine. Nous debvons bien tousjours prier

Dieu pour sa conservation. Mais je suis marry de ce que le mal de fr. Robert ne diminue point. Je le recommande aux prières de nos confrères, qui est tout, à mon avis, ce que nous pouvons pour luy, veu la grande distance de nous à luy. Le R. P. D. Maur du Pont, clerc, que je ne qualifieray point aultrement, parce que n'est à propos qu'on scache sa qualité, portera quand il vous ira voir, ou vous envoyera, ce qui a esté conclu au chapitre. Je me recommande aux prières de mes frères et aux votres, et suis,

Mon R. P.,

Vostre très humble et très affectionné confrère,

COLONBAN REGNIER.

Paris, ce 30 octobre 1623 (1).

Il lui écrivait encore le 7 novembre 1623 :

PAX CHRISTI.

Mon R. Père,

Nous avons souventefois consulté l'affaire de la Daurade; mais tous les résultats ont estez que l'affaire est sans difficulté quelconque, pourveu qu'on aye le consentement de Mr l'abbé de Cluny, ses religieux de l'abbaye et ceux du prieuré de la dicte Daurade; mais que sans lesdits consentements, elle est si difficile qu'il n'y a pas d'apparence de l'entreprendre. Voyla l'advis de part deçà, que jusques icy on nous a donné. Je tacheray à voir d'aultres personnes, pour scavoir si on pourroit trouver quelque expédient; de vostre costé consultez de part de là où vous avez d'aussy habiles gens que de deça on peut avoir. Le cierge de recognoissance que demandent Messieurs de Saint-Sernin (2) est chose qui tire à grande conséquence; et pour ce, il est à propos que vous preniez advis de par delà, quelle en est la coustume et la suivre. Vous scaurez cela des RR. Pères Chartreux, Jésuites, Capucins et aultres qui sont dans Tholose dans la dépendance de paroisse; et votre conseil de justice vous dira ce qui se doibt en cela; et après vous suivrez les advis, sans vous en raporter à moy, qui ne scay pas la coustume des lieux. Vous avez bien faict de continuer la charge que vous avez; et par la mienne escripte la sepmaine passée, vous jugerez que

(1) Autographe. Sceau. Archives de la Haute-Garonne. H. Daurade. Liasse 183.
(2) Pour l'établissement du Séminaire Saint-Louis sur le territoire de l'abbaye.

si je ne vous qualifie pas comme j'avois accoustumé, c'est à cause d'une difficulté fondée sur la bulle, et non qu'on se deffie de vous. Le R. P. Abbé vous en dira davantage. Gardez-vous bien de vous loger dans des chambres qui ont de la massonnerie faite depuis peu, car cela vous perdroit tous. Mandez-moy tousjours comment se porte votre malade. Je vous envoye un extraict de concordat, pour vous servir de modèle. Priez et faites prier pour moy qui suis,

Mon R. Père,

Votre très humble et très affectionné confrère,

Fr. Columban Regnier.

A Paris, ce 7 novembre 1623 (1).

D. Thomas Baudry était impatient. La fondation de la Daurade devait attendre quatre ans encore. Elle se réalisa cependant avant sa mort, survenue le 1er janvier 1630, à Saint-Sauveur de Redon (2), trop tôt pour un si digne religieux. Du moins, il ne mit aucun retard à entrer dans les vues de l'abbé de Saint-Savin. Ici tout alla au gré de ses désirs. Il réussit, du reste, à lui donner des hommes d'un vrai mérite, et d'abord D. Paul d'Hilaire, second prieur.

Celui-ci était né à Rochemaure (Ardèche). Il fit profession, à l'âge de 27 ans, au prieuré des Blancs-Manteaux, à Paris, le 27 octobre 1622. « Peu de mois après sa profession, il fut jugé digne d'aller, avec D. Anselme Rolle, jeter les fondements du séminaire Saint-Louis à Toulouse, où il fut établi maître des novices (3). » Mis à la tête du monastère de Saint-Savin, il y présida à l'introduction de la réforme. Il y resta à peine deux ans, sans doute et uniquement le temps d'en assurer le succès. En 1625, il fut rappelé à Toulouse, d'où il usa de son crédit et de son habileté pour empêcher la sécularisation de l'abbaye de Moissac. Ce fut une affaire délicate à conduire, et jusqu'ici peu connue (4). D. Michel Baudry,

(1) Autographe. Archives de la Haute-Garonne, H. Daurade. Liasse 183.
(2) Renseignement fourni par D. Piolin, d'après D. Martène.
(3) Communiqué par D. Piolin, d'après D. Martène.
(4) Je publierai prochainement quelques documents relatifs à cette affaire.

prieur de Cessenon (Hérault), D. Anselme Rolle, Louis de La Valette, archevêque de Toulouse, Le Masuyer, premier président au parlement, Jean Jaubert, évêque de Bazas, le cardinal Jean de Bonsi, évêque de Béziers, y mirent la main avec lui. Le but était, en empêchant la sécularisation de l'abbaye de Moissac dépendant de Cluny, d'y introduire la réforme de Saint-Maur. Et on réussit.

Quand la réforme de Saint-Maur eut été établie à la Daurade, qui allait être pendant près de deux siècles le centre de son action dans le midi et le sud-ouest de la France, D. Paul d'Hilaire quitta le séminaire Saint-Louis pour se fixer dans ce monastère, toujours porté de la même affection pour l'abbaye de Saint-Savin. C'est peut-être lui qui la signalait au religieux intérêt des confrères de passage. Malgré la distance, les moines se faisaient un plaisir d'aller la visiter. Quand la peste, qui pendant trois ans (1628-1631) fit de si nombreuses victimes, éclata à Toulouse, il ne déserta point la ville. Il fut emporté par la contagion le 14 septembre 1631 (1).

D. Anselme Rolle, né à La Réole en 1573, mort à Bordeaux le 13 août 1627, rendit les plus grands services. Premier supérieur du premier monastère de France qui embrassa la réforme, Saint-Augustin de Limoges, il apprit par l'expérience l'art difficile des fondatiens. Visiteur en 1616, définiteur, assistant du supérieur général, prieur de Corbie, il établit la réforme dans plusieurs monastères, à Jumiège, au Mont-Saint-Quentin près Péronne, au Mont-Saint-Michel, à Saint-Josse, à Sainte-Croix de Bordeaux, à la Daurade à Toulouse, et à Saint-Savin. Sans doute ici il n'eut pas le titre de prieur. Mais l'œuvre s'accomplit sous sa direction et par ses conseils. Il s'employa activement à convertir à la réforme les religieux de Moissac.

(1) Matricule de la Congrégation de Saint-Maur. — J'ai dit quelque chose des ravages de la peste à Toulouse dans le *Bulletin de la Société archéologique du Midi de la France*, séances du 26 décembre 1884 et du 13 janvier 1885.

D. Ambroise Tarbouriech, le premier prieur de Saint-Savin, était né à Saint-Pons de Thomières (Hérault), en 1576. Il fit sa profession à Saint-Louis de Toulouse, le 21 mars 1624. Envoyé tout de suite à Saint-Savin, il y accomplit un bien extraordinaire. Il fut plus tard fixé au monastère Saint-André d'Avignon, où il mourut le 16 septembre 1638 (1). « A Verdun en Gascogne (2), dit D. Martène, on fit un service solemnel pour Dom Tarbouriech après sa mort. » Il avait prêché autrefois dans cette petite ville avec un fruit merveilleux.

D. Odon ou Eudes de la Mothe était né à Saint-Clair (Haute-Garonne), en 1597. Une des premières recrues de la Congrégation de Saint-Maur dans le haut Languedoc, il fit sa profession, à l'âge de 26 ans, à Saint-Louis de Toulouse, le 29 juin 1624. Il resta quelque temps à l'abbaye de Saint-Savin. Il s'adonna à la prédication et réussit étonnamment. C'est là sans doute qu'il commença à s'appliquer fortement et avec succès aux études historiques. Dom Tassin lui a consacré un article dans l'Histoire littéraire de la Congrégetion de Saint-Maur. Il signale ses divers travaux littéraires et dit qu' « il dressa le catalogue des abbés de Sainte-Croix de Bourdeaux. » Mabillon a parlé de ce religieux avec éloges, dans la préface du premier volume des *Acta sanctorum Ord. S. Benedicti* (3). Il mourut, le 24 février 1643, à Saint-André d'Avignon (4).

J'ai peu de renseignements sur D. Edmond Dambes et D. Robert Bardoulat. Le premier était né à Toulouse. A l'âge de 19 ans, il fit sa profession à Saint-Augustin de Limoges, le 2 août 1621. J'ignore combien de temps il resta à Saint-Savin. Il mourut au monastère de la Daurade, le 3 mai 1665 (5).

(1) Matricule de la Congrégation de Saint-Maur.

(2) Verdun-sur-Garonne, alors diocèse de Toulouse, aujourd'hui diocèse de Montauban.

(3) Pag. LXII.

(4) Matricule de la Congrégation de Saint-Maur.

(5) *Ibid.*

D. Robert Bardoulat, du diocèse de Limoges, avait fait sa profession au monastère Saint-Augustin de cette ville, à l'âge de 16 ans, le 15 mai 1622. Il était donc le plus jeune des religieux que l'on envoya à Saint-Savin. Plus tard, il fut désigné pour le monastère de Saint-Chinian (Hérault), où il mourut le 18 janvier 1641 (1).

D. Hugues Calmeils, le premier à l'œuvre, ne devait pas, au contraire, quitter Saint-Savin. Né au Cros, commune de Saint-Cernin (Cantal), en 1587, il avait fait sa profession à l'âge de 33 ans, à Saint-Augustin de Limoges, le 24 décembre 1620. Il avait été donc un des premiers en France à se rallier à la Réforme de Saint-Maur, appelée à jeter un si vif éclat. Envoyé à Nouaillé (Vienne), il y resta fort peu de temps : D. Anselme Rolle l'amena à Toulouse, en 1622, pour travailler à la fondation du séminaire Saint-Louis. Son nom figure à côté de celui de D. Thomas Baudry dans les actes d'achat de la maison cités plus haut. Ils agissaient l'un et l'autre « au nom et comme procureurs deuement fondés de procuration de Dom Colombin Regnier. » Tout de suite après, il fut envoyé à Saint-Savin de Lavedan. Ainsi il assista à la fondation du séminaire Saint-Louis à Toulouse et à l'introduction de la réforme de Saint-Maur à Saint-Savin. Non seulement il en fut le témoin; il y eut de plus une part active. Il fit le récit de ces deux fondations, récit anonyme, mais dont il est certainement l'auteur. Dans tout le cours de la narration, il est présenté comme témoin. Or, religieux de Nouaillé, il fut amené à Toulouse par D. Rolle : là commence le récit. A Toulouse, il ne le quitte pas d'abord; puis il va, avec D. Thomas Baudry et D. Robert Bardoulat, prendre possession des places vacantes à Saint-Savin. Rentré au séminaire Saint-Louis, il est ensuite définitivement désigné pour Saint-Savin. Seul, il figure dans tout le récit comme témoin; et l'auteur parle en témoin. Enfin, j'ai été assez heureux pour trouver une lettre de lui,

(1) Matricule de la Congrégation de Saint-Maur.

que je publie plus loin; même orthographe, même style, même naïveté que dans le récit, et j'ajoute même écriture. Le récit comme la lettre est autographe et de D. Hugues Calmeils.

Je le donne ici intégralement. Il présente les caractères de la véracité la plus absolue. Il montre, à ne pas s'y tromper, le lien intime qui relie la fondation du séminaire Saint-Louis de Toulouse et l'établissement de la réforme de Saint-Maur à Saint-Savin, sous l'influence de Jean-Michel de Saint-Sivié.

IV. Fondation du séminaire Saint-Louis à Toulouse et établissement de la Réforme de Saint-Maur à Saint-Savin. Récit de D. Hugues Calmeils.

†

Au nom de Notre Seigneur Jesu Christ. Ainsin soit il. L'an 1622, et environ 12 jours avant le jour de S. André (1), le R[d] Père D. Rolle, visiteur, arriva (2) du chappitre général, s'estant teneu (comme je croy) à Paris, soubz le R[d] Père Dom Renier, président (3); et luy donarent commission de s'en aller en la ville de Tholose, pour y fonder un séminaire soubz le patronage de Saint Louys, Roy de France, aiant dans son obéissance pour admener quant et soy le R[d] Père D. Paul d'Illaire, lequel il print à Paris, et D. Hugues Calmeils qui estoit au monastère de Noaillé près de Poitiers.

La première journée feust la journée peneuse; et sans la rencontre qu'on fist de quelques paysans, il faloit se résoudre de coucher sur la selle de leurs chevaux pour n'estre à la mercy des bestes, tellement qu'on leur dona l'adresse de descendre au plus profond du bois, et que, tout près de la rivière, ou plustot d'un torrent, nous treuverions un moulin avec le meusnier et ses garssons, et qui nous monstreroint le chemin ou sentier pour nous en aller à un villaige qui estoit à la çime de la montaigne; ce qui feust arresté. Mais une difficulté se présente de pouvoir faire passer les chevaux, et quoyque le bon meusnier nous eust donné parole, et qui feust monté sur le cheval du R[d] Père Dom Rolle qui estoit le plus fort et plus grand, il n'osa, de crainte de se perdre, leur osta leurs celles et leurs chevestres ou licols, et on les exposa à la

(1) Vers le 15 novembre par conséquent.
(2) A l'abbaye de Nouaillé, cant. de la Villedieu, arrond. de Poitiers (Vienne).
(3) D. Colomban Regnier.

mercy des eaux. Les deux plus forts passarent, mais le troisiesme comme plus foible, l'eau l'emporta et falut l'aler pescher le long du torrent; et par bonne fortune l'eau le porte au rivage; et la pauvre beste nous entendant parler, il commença à hennir, car le serviteur du meusnier nous conduisoit par un chemin de chesvres (comme estant de nuit); et pour le sortir il falut avoir de cordes et licols tous ensemble, et le faire grimper à travers les rochers; et l'aïant conduit avec les autres, aller chercher sur les espaules chacun sa male, ou sacs, et les scelles, et passer sur un meschant pont qui n'avoit que deux barres sans garde fous pour se soutenir, fort haut et dangereux; et après avoir loüé Dieu de toutes les fatigues et travaux, les garssons, tant le notre que celuy du meusnier, mirent les scelles sur les chevaux avec les malles attachées; et on les fit monter dessus; et nous montâmes la montaigne à pied à cause du froit; et outre cela estions tous mouliés de la teste jusques aux pieds; et nous aiant conduits chés l'oste, qui ne tenoit logis que pour vendre quelques bariques de vin pour les festes ou dimenches, quand on venoit entendre la messe, car il n'avoit ny lict, ny estables pour loger les chevaux; il estoit appuyé sur la porte d'une petite galerie de sa maison, qui estoit joignant au degré pour descendre en terre; ledit R[d] Père D. Rolle l'en pria environ un grand quart d'heure, ce qu'il ne vouleust jamais faire, quels payemens qu'on luy promit faire; ce que voiant, un de la compagnie (1) monta le degré, et l'aiant encores prié de condescendre à la volonté dudit Père, de nous donner le couvert et du feu, voiant son obstination le print par son perpoint et luy fist sauter cinq ou six degrés plus vite que le pas; à la fin se voyant pressé, la force treuva lieu, là où la douceur et prière n'avoint peu entrer; et on luy fit ouvrir la porte d'un petit lieu bas, qui estoit tout plain de bois, et le fismes sortir aux garssons et à quelque homme qui se treuva là. Et logeasmes nouz chevaux, et on nous fit un bon feu pour nous secher (encores qu'on fist la lessive), et non sans besoin; il se brulla quelque partie de bas de chausses pour estre un peu difficiles à sécher. Il nous donna une carpe pour notre pitance, de pauvre vin et le pain plus pauvre : on le tresnoit par les poils, et tout pierre. Aiant donné ordre aux chevaux et fait souper les hommes et les avoir contentés de leur traval, nous allasmes reposer tous trois sur un meschant chalit avec un peu de paille, quelque linceul et vielle couverte pour nous mettre dessus, et aussi bas que les chevaux; car estant sur le lict assis, on touchoit de la teste aux soliveaux ou petites

(1) D. Hugues Calmeils sans doute.

poutres qui soustenoit le plancher de la maison. Et en belle pleine minuit, le dit R^d Père Dom Rolle se print à rire, quoy qu'il feust grandement serieux et grave, se voiant si mal, car il estoit au millieu des deux qui estoint compagnons de son voyage. Et se levèrent de bon matin tous enroüés, ne pouvant presque parler pour dire leur office; ce qu'aiant faict et donné à l'oste tout ce qu'il demanda, il promit de ne plus refuser ceux qu'il verroit habillés comme nous autres; et nous le remertiames et montasmes à cheval pour continuer notre voiage. Mais nous eusmes bien le plus beau jour qui se puisse dire, et celluy qui nous avoit envoié la pluye et la neige nous envoya le beau temps, qui nous secha nous manteaux et autres habits, sans tant de peine ny traval, comme nous avions prinse la nuit précédente, et faire presque rien qui vaille. Et le lendemain que partimes de là alasme dire la Sainte Messe à Saint-Augustin lès Limoges (1), environ les dix ou onze heures du matin, accompagnés d'ung extrême froit, tellement que, croiant nous rafrechir et rester avec nos confrères pendant trois ou quatre jours nous feusmes frustrés de notre attente, selon qu'il se verra par la suitte du discours; et les nouvelles n'en sont pas fort loing. Voilà les effects de notre première journée.

Dans les entretiens que ledit R^d Père Dom Rolle avoit avec le R^d Père Dom Maur Du Pont, estant pour lors abbé de Saint-Augustin lès Lymoges, sur le voiage, on porte une lettre venant de Tholose de feu Monsr l'abbé de Saint-Sabin, qui n'attendoit que l'arrivée des Pères, puis après s'en partir pour s'en aller à Paris; qui feust cause que nous allasmes coucher le lendemain à Soliniac (2), après avoir faict faire deux paires de mittènes de drap, à cause du grand [froit] qu'il faisoit, ne pouvant guères qu'avec grand peine tenir la bride des chevaux, car le R^d Père Dom Rolle avoit les sienes; et de là à Tholose, nous y en alasmes à grands'journées, de crainte que notre voiage ne feust inutile, si ledit S^r feust esté parti pour s'en aller à Paris. A la fin nous arrivasmes à Tholose par la miséricorde de Dieu, ou à trois lieues de deça pour y aller dire la Sainte Messe le beau jour de saint André, environ les neuf ou dix heures de matin. Et descendismes au logis des Trois

(1) M. Baudouin, archiviste de la Haute-Garonne, a publié ce commencement du récit, jusqu'à l'arrivée à Saint-Augustin de Limoges. *Mémoires de l'Académie des sciences, inscriptions et belles-lettres de Toulouse*, sept. série, Tome v (1873), pp. 166, 167.

Saint-Augustin de Limoges est l'abbaye de ce nom, de l'ordre des Bénédictins, déjà à cette date passée à la réforme de Saint-Maur.

(2) Solignac, canton sud de Limoges (Haute-Vienne).

Rois, qui est proche du grand couvent des Augustins (1). Et après avoir rendu nos veux à Dieu, et l'avoir remercié, et rendu grâces de notre voiage, dans la chappelle de la glorieuse vierge qu'on avoit érigée despuis peu dans leur cloistre pour un funeste accident qui leur estoit arrivé par la mort du Père Burdeus, docteur et leur prieur (2); et en sa place feust esleu le R[d] Père Puteanus (3), docteur et lecteur en l'Université; et le bon Dieu les consola par les mérites de sa mère, et eust pour agréable l'érection de la dite chappelle : car il n'y avoit pas plus de trois mois que s'y estoit faict un miracle sur la personne d'un enfant de cinq à six ans paralitique de tous ses membres, que sa mère le portoit au col; et, elle entendant la Messe à la dite chappelle, le petit enfant estant assis devant elle se leva tout en sursaut et marcha devant tous les assistans; et du despuis tous messieurs de la ville les regardarent de melieur œil que devant, à cause de ce qu'il leur estoit arrivé. Cela m'a esté raconté par plusieurs et diverses fois, tant là qu'au logis de Monsr Mertier, marchant demeurant à Poüet-Claux (4).

La disgrétion que j'ay faicte pour narrer ce miracle à l'honneur de la Vierge ne sera désagréable. Mais reprenant le fil du discours, diray qu'estant arrivé au logis tous trois (qu'estoit un des melieurs [de] toute la ville), pour notre potage et pour tous les autres mets, nous n'eusmes pour nostre disnée et journée, après avoir faict et marché trois grands lieües, qu'un plat de nois, à cause que ne mangeons point d'eufs : voilà la bonne chère que nous fismes à l'arrivée d'une si grande et fameuse ville que Tholose.

L'asprès disnée, on ala voir Monsieur l'abbé de Saint-Sabin, qui sappelloit Jean Michel de Saint-Sevie; et le patron de sa chappelle est saint Sevie (*de S[to] Eusebio*), Archevesque de Verseil; mais par le langage corrompu, on le nomme Sensevié; et nous le trouvasmes à son logis accoustumé chez ledit sieur Mertier; qui nous embrassa trestous avec une si grande demoustration de joye qui ne se peut dire; et le jour mesme, sur le soir, il envoya chercher nos chevaux pour esviter les

(1) Aujourd'hui le musée de Toulouse.

(2) Sur le P. Pierre Arrias Burdeus, condamné à mort et exécuté en 1609, voyez *Histoire tragique et arrests de la Cour du parlement de Tholose*, par Guill. de Ségla, Paris, MDCXIII, in-12; et un travail de M. Duméril, dans les *Mémoires de l'Académie des sciences, inscriptions et belles-lettres de Toulouse*, 1883, 1er semestre, pp. 55-94.

(3) Le fameux P. Dupuy, professeur à l'Université et plusieurs fois prieur du couvent, mort en 1623. Simplicien Saint-Martin, *Mémoires qui peuvent servir à l'histoire du monastère de l'ordre des Hermites du Glorieux Père S. Augustin de la ville de Tolose*, pp. 89, 90, 91, 92, 171, 266, 267. In-12, Tolose, M. DC. LIII.

(4) Place des Puits-Clos, Toulouse.

frais, et les faire conduire dans son escurie. Peu à peu le bruit ala jusques aux oreilles des attendans, qu'estoint le R^d Père D. Grégoire Tarrisse, pour lhors Monsieur le prieur de Sesenon (1), et l'autre Dom Hierosme Blaquière; qui s'en allarent treuver le sieur abbé et luy dire qu'ils avoi[en]t aprins que les Pères estoint arrivés; mais il leur dit qu'il les avoit veus et embrassés; tellement qu'ils ne nous vindrent voir que le lendemain, de crainte de nous estre ennuyeux, à cause de la lassitude de notre voiage. Mais le lendemain ils y feurent d'assés bon matin, qui se rencontra un vendredy matin. Et après que trestous eurent satisfaict à leur dévotion, nos RR. Pères et Monsieur le prieur de Sessenon allarent voir le premier président, qu'estoit pour lors Monsieur Masurier, grand justicier, et qui nous affectionnoit bien, et les fist demeurer tous trois pour disner avec luy; et son homme de chambre nous vint advertir que les Pères disnoint avec luy; et Monsieur Blaquière, pour lors sacristain d'Aniane (2), estant ensemble lors de l'advertissement, dinasmes ensemble; et la table mieux couverte que le jour de Saint-André, comme prédit notre bienheureux père de ses enfans : Si nous en avons manger à ce jourd'huy, nous en aurons demain à suffisance. Le jour d'après, qu'estoit un sabmedy, ledit S^r abbé nous invita trestous avec ledit S^r prieur de Sessenon et le Sr Blaquière en son logis ordinaire de Monsieur Mertier, et le Sr Ricardi, qu'estoit un homme qu'avoit le mot en bouche pour faire rire. Le mesme jour que nous arrivasmes, ledit sieur abbé fist retirer en son escurie nos trois chevaux pour esviter la despense d'un logis, et au troisiesme jour de notre arrivée, nous fist aller loger dans l'archevesché (3); et au logis on ne resta de nous en faire payer 25 livres, que n'en avions pas despensé dix; et quand le Sr Mertier le sceut en feust faché, parce qu'il disoit qu'il y eust faict aller le Capitoul; mais le R^d D. Rolle disoit que valoit plus payer au double, ou triple, que non pas contester contre [le]dit Sr Abbé. Et, nous estans venus voir à quelques jours de là dans la maison archiepiscopale, après s'estre informé de tout ce qu'il jugea estre besoin et nécessaire, il nous dit de vendre les deux chevaux qu'on avoit montés pendant le voiage et d'en prendre l'argent. Et faut remarquer qu'il avoit achesté lesdits chevaux à Paris et les avoit lessés entre les mains de nos RR. pères des Blans-Manteaux avec cent escus pour le voiage. Nous demeurasme là environ trois mois, attendans des ouvriers pour travalher en la vigne du père de famille. Et avant quel-

(1) Cessenon, canton de Saint-Chinian (Hérault).
(2) Abbaye d'Aniane (Hérault).
(3) Actuellement la préfecture de la Haute-Garonne.

ques cinq mois ou environ, ledit R[d] père D. Rolle envoya chercher le R[d] père D. Robert Bardolat et D. Edmond Dambes a Saint-Augustin-lés-Lymoges et pour lors ils n'estoint que frères. Et cependant les ouvriers s'asembloient; et au bout d'un temps le R[d] Père D. Thomas Baudry arriva de Lymoges, qui feust le premier supérieur des Religieux, tant à l'archevesché pour le temps que nous y demeurasmes, que au séminaire Saint-Louys. L'an 1623, environ la fin du mois d'aoust, Monsieur Du Jarric, advocat au parlement, conduit ledit R[d] père D. Thomas Baudry, frère Robert Bardolat et D. Hugues Calmeils à Saint-Sabin, aux despens dudit S[r] abbé (excepté du louage des chevaux), pour prendre possession de trois plasses vaquantes. Là où ils eurent bien un peu à soufrir (car deux de leurs chevaux de louage se rendirent en chemin et falut faire le restant à pied). Et Monsieur de Sentilles, conselier au sénéchal de Tarbe, les mit en possession, en vertu de l'arrest qu'ils avoient obtenu contre messire [Crassus] et contre..... Arroaix, prebtres du lieu de Saint-Sabin, aiant playdé contre le sieur abbé; car leur aiant refusé de leur donner à un chacun une place monachale, ils eurent recours à Monsieur Baradot, provincial des exemps, qui estoit religieux du monastère de Saint-Sever Cap de Gascogne; et là dessus ils playdarent fort et ferme le temps que dessus; mais ledit Sr Crassus, quoy qu'il eut beaucoup despendu à la poursuitte dudit procès, et que sa maison eust vendu des terres et preds, disoit qu'il estoit content que les RR. pères de la Refforme y feussent entrés par ceste voye là; car pour ledit Roaix, il ruina sa maison, qui estoit une des principales de Saint-Sabin; à tout le moins elle print un tel branle qu'ils n'ont presque rien aujourd'hui que la pauvreté.

Estans revenus de notre voiage, on travalla de treuver une maison pour nous loger; mais les Srs Capitouls (1) y treuvant une grande difficulté de nous loger dans la ville, disans qu'avec le temps les Religieux se font descharger des tailles, et qu'aprés cela leur demeure sur les bras, et sur les pauvres gens de travail. Ce qui nous causoit un grand empechement, c'estoit que messieurs les prebtres de l'Oratoire avoient acheptė une grande maison auprès du Vasagle (2) et non loing des Pères Capucins (3) pour y faire un novitiat. Il y eust procès pour ce subiect, et arrest donné; et en feurent desmis. Et nonobstant toutes ces difficultés,

(1) Les capitouls de cette année 1623 étaient MM. Comère, Guibert, Cantuer, Cassand, Girié, Parrin, Fourez et Savy. M. Roschach, *Toulouse*, p. 378.

(2) Les moulins du Basacle, Toulouse.

(3) L'ancienne église des Capucins, rue Valade, appartient aujourd'hui au génie militaire.

on tacha, par le moyen dudit Sr Ricardi bourgeois, de nous treuver une maison; ce qu'il fist, et rapporta audit S[r] abbé qu'il en avoit treuvé une à la reüe du Taur près de Saint-Sernin, appartenant au Sr Puget, premier bourgeois de la ville, mais que le Sr Evesque de Pamiers (1) l'avoit louée pour un an. On entre en pris; et feurent d'acord à dix mille trois cens livres. Mais les Messieurs du chapitre dudit Saint-Sernin s'i opposent, et forment instance, et créent pour scindic un frère de Monsieur Bedelli, conselier clerc au parlement et chanoine à Saint-Estienne, et encores qui feust raporteur à ce procès, qui nous causoit de la crainte humainement parlant d'en estre desmis. Et sans Monsr de Claret, vicaire général du sieur archevesque, qui nous en faisoit dilayer le jugement, jusques à ce que ledit Sr Bedelli en parla particulièrement à Monsieur Mortier qui luy assura que ledit Sr Archevesque avoit donné une somme d'argent pour achepter ladite maison. Et alors ledit Sr Bedelli se rendit plus souple, disant qu'il estoit amy dudit Sr Archevesque. Et l'arrest s'en donna un matin huis clos. Et avions exposé le Trés Saint Sacrement de l'autel à la chappelle de l'archevesché à ceste fin et intention. Et faisions nos petits exercices comme si ce feust esté un monastère; et alions travaller manuellement au jardin, comme l'on faict aujourd'huy à la Daurade; car nous estions avant que sortir de là, dans un an ou environ, vingt un, ou vingt et deux religieux. Et de là alasmes prendre possession de ladite maison l'a[n] 1624; et en payasmes deniers contens huit mille livres audit Sr Puget par les mains de Monsr Poussoir, banquier de Tholose; et les deux mille trois cens restans, nous en paions les appors audit S[r], jusques à ce que nous eusmes de quoy pour le satisfaire. Et nous voilà logés.

Et pour sçavoir d'où provenoit ceste somme, c'est que le sieur Archevesque, qui estoit Monsieur le cardinal de la Vallete, estant du cousté de Paris, feust prié de faire un certain voiage pour les affaires du chappitre de Messieurs de Saint-Estienne; et l'aiant faict et le tout réussi selon leur soüet, ils luy offrirent pour les fráis dudit voiage deux mille escus, et les baillarent effectivement audit S[r] abbé de Saint-Sabin pour les envoyer audit S[r] cardinal. Et lui en aiant escrit, il luy respondit qu'il n'en prétendoit rien; tellement que ledit S[r] abbé luy aiant escrit derrechef que le chappitre ne vouloit reprendre ladite somme et qu'est ce qu'il en fairoit, il luy feust respondu qu'il en fist ce qu'il jugeroit; là dessus il mande au S[r] Archevesque que les pères Bénédictins

(1) Joseph d'Esparbès de Lussan (1605-1625).

refformés devoi[ent] arriver à Tholose pour y establir un séminaire, et que pour encores ils n'avoi[en]t aucun revenu; s'il treuveroit bon que cela leur feust donné pour achepter une maison; ce qu'il eust pour agréable. Cependant ledit S^r abbé avoit donné les deux mille escus entre les mains dudit Sr Poussoir; et eurent gaigné à notre arrivée deux mille cinq cens livres; les huit mille ont servi comme dessus est dict, et les cinq cens pour nos nécessités pour lors présentes. Et ce feust une chose mervueilleuse comme Monsr Masurier, pour lors premier président à Tholose, commença de travaller avec Messieurs les gens du Roy, qui estoit pour lors Monsieur Siron, advocat du Roy, à donner arrest pour un an seulement que tous les religieux entiers du ressort, de l'ordre de Saint-Benoist, qui voudroi[en]t venir prendre la refforme audit séminaire, [le pourroient] et que les scindics des monastères seroint obligés à leur payer leurs penssions comme présent. L'année d'après autre arrest pour deux ans, et après pour trois ans, enfin jusques à cinq ans; telement que les S^rs abbés et chappitres s'opposans à cela fort et ferme, et playder à leur possible, ledit S^r président s'asemblant avec les conseliers comme quand on veut colliger les voix à juger un affaire, on n'avoit pour response sinon que l'arrest tiendra; tellement que les adversaires voiant cela, ils commençarent à se rendre plus ployables, et ledit S^r abbé à travalher et treuver les moiens de nous faire avoir de quoy vivre. Et s'en allant un matin voir le S^r président, et après avoir conferé ensemble, il luy dit qu'est-ce qu'il vouloit faire de ce décime que le Sr Archevesque estoit obligé à donner à Messieurs du parlement, et s'il l'avoit encores faict; et il luy respondit que non; alors il répliqua et luy dit qu'il faloit convertir cela pour ceste fois en quelque œuvre pieuse; et ledit sieur Masurier en estant content, il luy dit qu'il le faloit donner aux pères Bénédictins qui en avoi[en]t besoin. Ce qui feust faict. Le sieur Mertier, comme fermier du S^r cardinal, nous en conta un matin cinq cens livres; et au bout de quelque temps on vint treuver ledit S^r abbé pour luy faire sçavoir que le greffier et procureur d'office d'une seigneurie estoit décédé et s'il les en vouloit pourvoir; ce qu'il fit de bon cœur, marché faict pour un chacun à sept cens livres; et nous en donner un, et l'autre pour le secrétaire du sieur Cardinal; telement que le Sr Mertier, sachant que nous avions besoing de bois pour notre provision, nous voulant obliger à prendre du sien qui estoit de vieilles souches, nous le refusasmes; par un dépit il nous fist perdre deux cens livres, assurans les parties qu'ils l'auroient à ce prix là; car nous estions en nécessité; telement qu'il nous falut prendre ses cinq cens livres; mais Dieu le punit ou pour cela o ı autres choses, car au bout de quelques années il fist banqueroute, et falut quitter la ville et se sauver comme il peut; car de sa seule maison de devant, il en treuvoit dix huit mille livres, et à la fin il feust plus pauvre que nous autres. Ledit S[r] abbé s'enquerant de nos nécessités, il escrivit au Sr Cardinal s'il treuvoit bon que son fermier nous donast trois cens livres, et il luy en manda le mandement. Et cependant les arrets s'exécutoient et plusieurs de ceux qui venoient pourtoient quelque chose; et comme cela, nous lessions couler le temps; et après ce qui assistoit, c'estoit que les vivres estoi[en]t à fort bon pris, car souvant nous voions par notre calcul que nous avions à sufisance avec six deniers de vin pour chasque religieux tous les jours.

Voilà ce qui s'est passé a Tholose, iusques en l'an 1625 que nous sortimes du novitiat, ou séminère Saint-Louys, pour nous en aller à Saint-Sabin pour y establir tout à faict la communauté avec le R[d] père D. Rolle, notre conducteur et pilote. Et y arrivasmes le dix-huitiesme mars, veille du grand saint Joseph, quoyque le R[d] père Dom Ambroise Tarboriech et D. E. de Lamote y estoint arrivés quelques jours avant la feste de la Purification (1), pour y prescher et nous attendre là; et le beau jour de notre bienheureux père saint Benoist (2), nous commençames de faire l'office et de prendre la direction du cœur; et invitasmes Messieurs nos entiens qui estoint encore en nombre de sept; et la libéralité de Monsieur notre abbé avoit précédé, m'aiant chargé d'envoyer l'ameublement pour dix religieux tant en couvertes, qu'estoit deux pour chacun, que autres ustensilles pour le reffectoir; et usses faict davantage, car je luy aurois dressé l'ameublement pour la chambre des hostes; et croy que l'eusse pour lors executé, si ledit R. père D. Rolle ne me l'eut fait biffer; car il luy tardoit fort que nous y feussions. Enfin toutes nos [h]ardes feurent portées par des voiturier[s] en la maison de Palliasson en la ville d'Argellés (3), aux despens dudit S[r] abbé; et comme premier consul, nous les fist conduire à Saint-Sabin avec ses chevaux; et pour achever nos meublemens, un matin nous y acheptasmes quatre ving[t] canes de toile de lin, car alors nous n'eusions point de blanchetes, ou pour les coissins, et après d'autre toille plus grossière pour les paliasses. Enfin je tacha d'avoir tout ce [que] je peus pour la nécessité urgente à nous loger et m'en aller au bourc de Bénat (4) pour avoir notre provision de vin; et quoyqu'il

(1) Vers le 25 janvier probablement.
(2) Le 21 mars.
(3) Argelès-de-Bigorre (Hautes-Pyrénées).
(4) Bénac, canton d'Ossun (Hautes-Pyrénées).

nous en eust promis six bariques ou poinssons, je n'en osa prendre que quatre, à cause qu'il faloit prendre bois et tout. Et son père nous en fist porter une pipe avec les bœufs de sa maison; et pour l'autre, il en falut payer la voiture. Pour le restant de l'ameublement pour les chambres, comme lits, etc., et dresser un dortoir, quoyque pauvre, et chambre commune et autres nécessités pour nous loger à un monastère tant délabré, il en feust baillé à un metre Cibat, menuisier du lieu d'Arrens (1) en la vallée d'Asun (2), la somme de cinq cens livres; et le pauvre homme y perdit en son pris faict pour le moins cent livres. Et nous voilà logés, soit bien ou mal. Mais ledit R^d père D. Rolle tira le bon bout (comme dit le bouesme); qui nous emporta, quand il s'en retourna, dix sep[t] cens livres qui estoint entre les mains de l'agent ou fermier du S^r abbé (appelé Mr Guilhaume Peries du lieu de Préchac (3) en Davantaigne), qui estoint là en reserve du vacant des places nonachalles despuis neuf ans qu'on playdoit avec les susdits prebtres. Et nous voilà réduits en blanc, car quelles représentations que nous peusmes faire, il n'en démordit jamais; car il nous disoit que si nous estions en nécessité, que notre sieur abbé ne se fairoit pas tirer l'oreille pour nous assister; mais d'une fois qu'il eust mis les oiseaux en cage, il n'a rien plus faict pour nous, sinon que l'on en tira avec bien de la peine, à 3 ou 4 ans de là, un ornement rouge de satin cramoisi, qui est fort beau couvert de clincan d'or fin. Et ledit R^d père s'en retourna à Tholose avec son argent, et il avoit grand crainte de tomber en nécessité. Mais le R^d père D. Paul d'Illaire, père maître des novices, n'avoit ceste crainte, pourvueu qu'il en treuvat en quelque façon que ce feust. Et nous lessa pour supérieur ledit R^d père D. Ambroise Tarboriech, que par ses prédications estoit l'appostre de ceste vallée; car les prédicateurs d'icelle cessarent de prescher quand ils l'eurent ouy, comme Monsr Dabbadie, religieux de ceste maison et vicaire général, Monsieur Casanave, prebtre de Saint-Sabin, et avoit esté archiprebtre d'Ausun (4) en la vallée d'Asun, et qui estoit estimé sçavant, et l'estoit, et nous avons achepté la plus grand partie de ses livres. Il y avoit encore Monsr Lacase, recteur de Nestalas (5), paroisse déspendante de ce monastère, et encores Monsieur Guilamues, recteur de la ville d'Argellés, et beaucoup d'autres de ces vallées. Mais pour revenir à notre pauvreté, il pleu-

(1) Arrens (Hautes-Pyrénées).
(2) Acun (Hautes-Pyrénées).
(3) Préchac, canton d'Argelès (Hautes-Pyrénées).
(4) Ossun (Hautes-Pyrénées).
(5) Nestalas, canton d'Argelès (Hautes-Pyrénées).

voit à la chappelle de Saint-Pierre et à celle de Sainte-Catherine presque comme à la rüe; pour un costé du cloistre alant vers le refectoir ou cuisine, il estoit à terre; et un bon prebtre qui s'appelle Monsieur Vitalis qu'est à présent recteur de Vic (1), nous aumosna une pièce bien longue pour ledit cloistre; et ainsin de notre pauvreté mesme faloit faire les réparations les plus pressées.

Et ce qui nous pressoit le plus, c'estoit de treuver les femmes à tout rencontre dans le dortoir de Messieurs les Antiens; et nonobstant les requestes de Mons[r] Barrère, procureur du Roy au sénéchal de la ville de Tarbe, et les assignations à elles données et à leurs maris, n'en peusmes venir à bout, sinon par un cas estrange. Le R[d] père Dom Paul d'Ilaire, second supérieur en ce monastère, un dimenche matin disant la Grand Messe, un de nos pères en vit une qui entroit en la chambre dudit vicaire; il la fit attendre aux serviteurs du monastère, avec charge que quand elle sortiroit, de la prendre et la conduire dans l'estable du cheval et la fermer là dedans avec le cheval derrière la clef; et y demeura effectivement jusques à midy frapé, tellement que cela se sachant dans le bourc, leur donna une telle crainte et effroi que aucun n'osa passer plus avant que du cloistre; tellement qu'il falut se résoudre à les chasser aussi du cloistre, car l'aumosne générale du caresme s'y faisoit. Monsieur du Casse, aumosnier, s'y opposoit; et à ses fins, sollicita toute la commune du bourc pour s'y opposer; les fit venir entre la grand porte du S[r] abbé et la nôtre, et après plusieurs remonstrances que s'ils aymoient la netteté de leurs femmes et la leur, que cela estoit necessaire; et s'en retournans tout gromelans entre les dents avec menasses, il falut qu'un de nos Pères print les clefs de la porte, de crainte qu'ils ne les prinsent au portier; et la femme d'un appellé Dupont, dudit Saint-Sabin, prenant la feurie des Amasonnes, les Religieux faisant la procession par le cloistre, elle entra après; mais ce bon Père, après l'avoir priée de se retirer et ne le voulant faire, il la print par le bras un peu rudement et luy fit sauter quelque degré et la poussa dans l'esglise; tellement qu'elle s'en plaignoit audit Dupont son mari; on espia ledit père quand il s'en iroit dehors, pour y faire quelque desplaisir. Et de faict, la première fois quand il sortit, il se saisit de la bride de son cheval non guère loing de la porte du monastère; et ledit Père descendit et s'en rentra dedans. Cela estant sçeu par le bourc et à la notice du vicaire appellé Monsieur Sorgues du lieu de Balanias et vicaire audit Saint-Sabin, ledit Dupont, croiant entrer un jour en leur esglise, il l'arreta tout court à la porte, luy disant

(1) Vic-en-Bigorre (Hautes-Pyrénées), probablement.

qu'il estoit excommunié; cela fut cause qu'il rentra un peu en soy; et en vint demender pardon, car la pluspart sont subjects à tomber facilement, aussi se relèvent-ils sans grand difficulté.

Pour Messieurs les Antiens, ils nous ont traversés cinq ou six fois, une fois entre autres qu'ils vouloient faire l'office; et de faict ils alloient chanter Vespres solennellement; mais le lendement ils n'en dirent pas la Grand Messe : aiant faict venir un notaire pour les intimider d'en faire informer, ils quitarent leur entreprinse.

L'autre fut d'entrer et sortir à heures indues la nuit. Cela dura environ deux ans; et après les avoir advertis que s'ils ne se retiroient quand la second' cloche sonneroit après complies, on n'ouvriroit point les portes; et de fait on en fit coucher quelques uns deux ou trois fois, et entre autres Monsieur Trensanes, qui s'en ala chercher ses parans, qui pensèrent mettre la première porte en pièces, et après sur le toict du monastère; pour tout cela on n'ouvrit point. Peu à peu, ils s'adoucirent et entrarent à l'heure.

L'autre difficulté est de faire sortir les séculiers de leurs chambres, quand ils y avoi[en]t soupé; on leur dit de sortir à l'heure par le mesme signe, de se retirer vitement; qu'il y eut bien de la peine; et à la fin les falut faire coucher dans leurs chambres, et entre autres un Laroy de Saint-Sabin et Thomas Barries du mesme lieu, qui demeurarent une partie de la nuict par le cloistre avec Monsieur Forio et Monsieur Soustrade antiens; et les séculiers avec leurs dagues nous pensarent metre à bas nos serrures, telement que, aiant dressé notre plainte au sieur vicaire de l'abbaye, et qu'en voulions faire informer, il fit venir lesdits Larroy et Barries, et leur fit demander pardon à genoux, et qu'ils n'i retourneroi[en]t plus. Et comme cela ils vindrent doux comme des aigneaux.

Un autre fois un appellé Monsieur Cossio qui est encores vivant, et estoit pour lhors *in sacris*, et fist tant avec un petit garsson, que nous avions pour nous servir les messes qui s'appeloit Dupont, qui estoit de Cautares (1), il fit tant qu'il l'introduisit la nuit dans notre dortoir. Mais il y avoit un père qui ne dormoit pas guère jamais profondément, l'entendit et le vit qu'il regardoit la lampe du bout du dortoir; il en advertit le R[d] père D. Pierre Besiat prieur, tellement qu'on l'ala treuver; et il avoit un de ses religieux qui avoit grand envye d'y metre la main dessus; mais il luy feust deffendu, à peine de désobéissance, de bouger; et le lendemain arrivé, ledit R[d] prieur avec son compagnon ala voir

(1) Cauterets (Hautes-Pyrénées).

Mons[r] l'Evesque de Tarbe appelle Diarche (1) qui estoit venu se promener à la montaigne à une petite l[i]eüe de Saint-Sabin appellé Aysar, luy en faire la plainte; telement qu'il ne se l'oublia pas, car ledit sieur Cossio ne peut avoir les autres ordres sacrés, que par les prières et supplications qu'en fist ledit R[d] père audit S[r] Evesque.

De nouveau je n'escryray la pauvreté de la sacristie ny de l'esglise et moins de ce qu'ons y a acheptó : car je serois trop long, encors que je y ay passé le plus succinctement que j'ay peu (2).

C'est évidemment en s'inspirant en majeure partie de ce récit curieux et si vivant, que D. Martène raconta à son tour l'introduction de la Réforme de Saint-Maur à Saint-Savin de Lavedan. Il y ajouta cependant quelques faits dignes d'être notés. On ne lira pas sans intérêt cet extrait de l'*Histoire de la Congrégation de Saint-Maur* que je dois à l'obligeance de D. Piolin.

1625. INTRODUCTION DE LA RÉFORME A SAINT-SAVIN DE TARBES.

Mr de Saint-Sivier, abbé de Saint-Savin de Tarbes, non content d'avoir donné la première idée du séminaire de Saint-Louis, qu'il voyait rempli d'excellents sujets, ne perdait pas de vue son premier dessein de réformer son abbaye. Il crut que cet établissement, fait à Toulouse à sa sollicitation, disposerait les supérieurs à lui accorder sa demande. Dom Martin Tesnières, à qui il s'était déjà adressé, lui avait donné quelques espérances pour l'avenir, et ne s'était excusé pour le présent que sur l'éloignement des lieux. L'abbé fit de nouvelles instances, et enfin passa un concordat avec Dom Thomas Baudry, prieur du séminaire de Saint-Louis, au mois de mai 1624.

Dès le commencement de l'année suivante, Dom Ambroise Tarbourier et Dom Eudes de la Mothe furent envoyés à Saint-Savin pour tout préparer et pour instruire les peuples de ces montagnes qui vivaient dans une profonde ignorance des choses les plus nécessaires au salut. Ils arrivèrent chez le père de M[r] l'Abbé, gentilhomme des plus qua-

(1) Salvat d'Iharse II (1602-1648).

(2) Autographe. Archives de la Haute-Garonne, Daurade, liasse 205. Au dos : *Histoire de ce qui se passa à l'establissement du séminaire Sainct-Louys.*

lifiés du pays; et ce seigneur, quoiqu'il fut vieux et incommodé, les conduisit lui-même à Saint-Savin, afin de disposer les religieux et les habitans du lieu à les recevoir avec le respect qu'ils méritaient. Ils y firent leur première entrée, le 27 janvier, et y furent reçus avec honneur par tout ce pauvre peuple, à qui l'on avait fait [entendre] qu'ils venaient pour les instruire et s'établir dans le monastère. Les religieux mêmes, frappés d'une affaire d'éclat qui était arrivée quelques années auparavant dans leur église, ne témoignèrent pas moins de joie à leur arrivée. Le doyen qui était en même temps prieur, les logea dans sa maison en attendant qu'on leur eut accommodé quelques cellules. Dom Ambroise crut que son premier devoir était d'aller recevoir la bénédiction de l'Evêque; il se rendit à Tarbes auprès de ce prélat qui, charmé d'avoir ces nouveaux ouvriers dans son diocèse, leur donna tous les pouvoirs nécessaires pour le ministère sacré. Ils le commencèrent aussitôt avec un si grand zèle et tant de succès, non-seulement à Saint-Savin, mais encore dans tous les bourgs et les villages de ces lieux presque inaccessibles, que toute cette contrée changea bientôt de face. Dom Ambroise avait un don particulier pour la prédication et Dom Eudes un talent admirable pour instruire la jeunesse. Leurs prédications furent si efficaces qu'elles gagnèrent les plus endurcis; ces esprits sauvages s'adoucirent peu à peu. Les plus emportés devinrent doux comme des agneaux; les haines les plus invétérées furent suivies d'une réconciliation parfaite et d'autant plus admirable qu'on avait vu jusques à 18 meurtres dans une même famille pour des intérêts de peu de conséquence; les voleurs qui étaient en grand nombre dans le pays abandonnèrent leurs détestables pratiques et restituèrent leurs larcins. On eût dit que ces deux missionnaires avaient changé la nature des hommes : la charité avait tellement pris la place du caractère féroce qui avait jusques alors dominé, qu'on voyait des personnes chargées d'injures en public les souffrir sans répondre un seul mot : la grâce, secondant le zèle de ces sages ministres, apprit à tout ce peuple à se rendre maître de ses passions. L'usage fréquent des sacrements succéda au peu de soin que l'on avait d'en approcher, et les confessions sincères au peu de bonne foi et de contrition avec lesquelles on les faisait auparavant. Les peuples venaient en foule des villages circonvoisins écouter les instructions de Dom Eudes, et quoiqu'ils n'entendissent pas bien la langue française, la vie édifiante de ces missionnaires leur servait de modèle et de guide dans le chemin de l'Evangile. Ces deux saints religieux passaient la journée dans les travaux du ministère et la nuit en oraison : leurs jeûnes étaient sévères et continuels : souvent même ils n'avaient pas de pain ni de quoi se garantir du froid qui est excessif dans ces montagnes. Cette extrême pauvreté et le peu de soin qu'ils prenaient de se procurer les plus grandes nécessités, donnèrent à ces peuples une si grande idée de leur vertu, qu'ils les regardaient comme des anges envoyés du ciel pour les éclairer et les conduire.

Mr l'Abbé informé de ce qui se passait, pressa les supérieurs d'envoyer au plu[s]tôt une communauté à Saint-Savin et d'en prendre possession : il accompagna lui-même ces nouveaux religieux dans l'appréhension de quelque opposition. Mais Dieu appela à lui celui duquel il y avait le plus à craindre. Ils furent reçus à la porte du monastère par les anciens religieux et par Dom Ambroise Tarbouriech et Dom Eudes de la Mothe. On avait fait à la hâte un dortoir de planches de sapin sur un côté du cloître attenant au gros mur de l'église dans lequel on les logea et où ils eurent extrêmement à souffrir du froid et de l'incommodité des neiges. Ils auraient manqué des choses les plus nécessaires à la vie sans la charité du pieux Abbé qui pourvut à tous leurs besoins. Deux jours après leur entrée, ils prirent possession de tous les lieux réguliers le 20 mars 1625, veille de saint Benoît, et par un acte public, passé pardevant notaires, on se chargea des principaux meubles de l'église, savoir : de la châsse d'argent qui renferme le corps de saint Savin, de deux coffres d'ivoire où étaient quelques reliques, d'une crosse d'argent et de deux calices : le reste ne méritait pas d'être mis dans un inventaire. Le lendemain, Mrs les anciens assistèrent à tout l'office, au sermon prêché par Dom Ambroise Tarbouriech et au réfectoire où l'un des nouveaux venus fit une exhortation très touchante. Le 6 avril arrivèrent deux religieux de Toulouse qui firent le nombre de sept; et Dom Anselme Rolle, qui était venu pour la prise de possession, après avoir nommé Dom Ambroise prieur, s'en retourna au séminaire de Saint-Louis. Ils continuèrent leurs travaux apostoliques avec un si grand fruit, que Mr l'évêque de Tarbes faisant la visite des paroisses de cette vallée, ne pouvait assez admirer les bénédictions que Dieu avait données à leur ministère, il trouva ces peuples instruits dans la foi et réglés dans leur conduite. Au lieu de chansons profanes, les bergers et paysans chantaient les mystères de notre religion en vers faits par ces zélés missionnaires dans le langage du pays. Le 13 de novembre suivant, Dom Ambroise reçut une lettre des supérieurs qui lui mandaient de se rendre à Toulouse aussitôt la présente reçue. Il partit sur le champ sans différer et trouva en chemin Dom Paul d'Hilaire, que le Chapitre général avait nommé prieur de Saint-Savin et qui ne put s'empêcher d'admirer la prompte obéissance de ce saint religieux. Dom Paul continua d'instruire ce peuple fidèle et de le consoler de la perte qu'ils avaient faite de son prédécesseur (1).

VI. Apostolat de D. Maur Barrez. Mort et testament de Jean-Michel de Saint-Sivié.

D. Hugues Calmeils écrivit le récit que l'on a lu plus haut après la mort de Jean-Michel de Saint-Sivié : « Feu M. l'abbé de Saint-Sabin, » dit-il. C'est le 21 février 1652 que les religieux demandèrent l'ouverture de son testament. Vraisemblablement il était mort dans les derniers mois de l'année précédente. D. Hugues Calmeils, décédé à Saint-Savin, le 10 juillet 1652 (2), le suivit de près au tombeau. L'un et l'autre virent les 27 premières années de la réforme de Saint-Maur à Saint-Savin. Ils jouirent l'un et l'autre des fruits de bénédiction que D. Maur Barrez accomplit dans la vallée de Lavedan. Ce religieux n'a pas été nommé jusqu'ici. Mais c'est peu après l'introduction de la réforme à Saint-Savin qu'il y fut envoyé. Il nous appartient, sans compter qu'il est gascon. Aussi bien comment ne pas mettre sous les yeux du lecteur la délicieuse notice que D. Martène lui a consacrée? Je la donne d'après la copie qui m'a été envoyée par D. Piolin.

VIE ET ÉLOGE DE DOM MAUR BARREZ

Dom Maur Barrez mourut à Saint-Sever de Rustan en odeur de sainteté, le 5 août 1653. Il était de Messine (3), au diocèse de Condom, et avait fait profession au séminaire de Saint-Louis, à Toulouse, le 2 février 1625. Il eut besoin de tout son zèle et de toute sa ferveur pour supporter l'austérité et la pauvreté du lieu, qui était on ne peut plus grande; mais plus elle était extrême, plus elle anima son amour pour la pénitence. Son humilité était parfaite, et son union continuelle à Dieu l'élevait jusqu'à la contemplation.

(1) *Histoire de la Congrégation de Saint-Maur*, par le R. P. Dom Edmond Martène (inédite, copie manuscrite de l'abbaye de Solesmes, tome I, p. 220-225).

(2) Matricule de la Congrégation de Saint-Maur.

(3) *Mesinas*, dans le registre matriculaire, peut-être Mézin (Lot-et-Garonne), autrefois du diocèse de Condom.

Il fut envoyé par une providence singulière au monastère de Saint-Savin de Tarbes, où Dieu voulait se servir de lui, pour le salut de plusieurs qui vivaient auparavant dans une ignorance profonde des mystéıes de la foi. Dès qu'il fut arrivé, son supérieur, qui connaissait son zèle et son talent pour la conversion des âmes, lui ordonna de se disposer à prêcher et à catéchiser le peuple. Il le fit avec tant de succès que le pays changea de face. Il était aisé de voir que c'était l'esprit de Dieu qui agissait en lui. Quoique d'un pays fort éloigné et dont le langage était fort différent avec celui de Tarbes, il apprit celui-ci avec tant de vitesse, qu'on eût cru que Dieu le lui avait appris par infusion. Il eut d'abord beaucoup à travailler, parce que l'ignorance était extrême, de même que la brutalité des mœurs, suite ordinaire de l'ignorance. Il fut obligé de faire quatre ou cinq prédications ou catéchismes par jour. Il allait de village en village faisant assembler tous les habitants qu'il instruisait avec une douceur et une clarté admirables. Autant de zèle ii reçut de Dieu, autant il donna à ses auditeurs de zèle et d'ardeur pour recevoir ses saintes instructions. Pour que le souvenir des mystères de notre foi s'imprimât plus avant dans leur esprit, il les réduisit en vers dans la langue du pays; ils les apprenaient par cœur, et ces saints cantiques leur servaient d'entretien : il eut même la consolation de les voir prendre la place des chansons profanes.

Tous ces voyages de village en village et de bourg en bourg furent souvent accompagnés de dangers évidents, surtout en hiver. Souvent il se trouva exposé au danger de se perdre dans les neiges ou dans les torrents, à la rencontre des bêtes féroces et des malfaiteurs. Dieu l'en délivra par une protection particulière, et s'il permit quelquefois qu'il tombât entre les mains des voleurs, il lui envoya comme inopinément du secours pour l'empêcher d'en être la victime.

Ce qu'il y a de plus admirable dans ses travaux apostoliques, c'est que jamais ils ne lui servirent de prétexte pour se relâcher des moindres observances. Il était persuadé qu'avant toutes choses il devait s'acquitter de ce qu'il devait à Dieu et à la religion par les devoirs de sa profession. Sitôt qu'il était rentré dans son monastère, il reprenait ses exercices réguliers, comme s'il n'eût eu autre chose à faire. Sa ferveur n'avait rien d'outré. Son caractère était la douceur, et jamais on ne le vit contester avec personne. Il était ponctuel à l'office divin, assidu à l'oraison et à la lecture des bons livres, particulièrement de l'Ecriture Sainte qu'il savait par cœur presque tout entiére.

On peut connaître jusqu'où ce grand serviteur de Dieu portait sa charité par la dernière action de sa vie. Ayant appris que la contagion avait gagné le monastère de Saint-Sever de Rustan, et que ses confrères qui en étaient attaqués avaient besoin de secours, il s'offrit pour aller les assister, s'estimant trop heureux s'il mourait dans un si saint exercice. Dès qu'il en eut obtenu la permission des supérieurs, il vola à Saint-Sever où, étant arrivé, il fit un sacrifice de sa vie qu'il offrit à Dieu pour le soulagement de ses frères. Il se chargea de l'office d'infirmier, et servit les malades avec une charité incroyable, tâchant toujours d'accompagner les services corporels qu'il leur rendait de quelque consolation spirituelle, et les encourageant par ses paroles toutes de feu à faire un bon usage de leur mal, et à le souffrir pour faire hommage à la justice de leur Dieu. Enfin, Dieu voulant couronner la charité de son serviteur permit qu'il fût lui-même frappé du mal contagieux. Il l'accepta avec joie comme un présent qui lui venait de la main du Seigneur, le souffrant avec patience et soumission jusqu'à ce qu'il plut à Dieu de le tirer de ce monde, pour le faire jouir de la gloire et de la récompense de tant de travaux qu'il avait soufferts pour lui (1).

Jean-Michel de Saint-Sivié n'eût-il, dans son zèle, obtenu que de procurer à Saint-Savin un religieux du mérite de D. Maur Barrez, il eut dû se féliciter grandement. Il voyait de plus, grâce à l'activité de D. Hugues Calmeils, l'ordre revenir dans le temporel de l'abbaye. La lettre suivante, bien que témoignant de quelques déconvenues, nous montre ce religieux à l'œuvre, reconstituant les archives de l'abbaye et s'employant à faire respecter ses droits. Elle contient, de plus, quelques détails sur le fameux hiver de 1644. C'est cette lettre autographe qui m'a permis d'attribuer à D. Hugues Calmeils le récit anonyme de l'arrivée des religieux à Toulouse et à Saint-Savin.

Au Révérend Père Dom Ephrem Dalley religieux et scindic au Mon[re] de la Daurade à Tholose.

Pax Christi. †

Mon Révérend Père,

Nous avons receu le[s] papiers avec la bulle d'Allexendre (*sic*) 3e (2) et

(1) *Histoire de la Congrégation de Saint-Maur*, par D. Martène (copie de l'abbaye de Solesmes, I, 1038-1042).

(2) C'est la Bulle d'Alexandre III confirmant les acquisitions du monastère de

la donnation du conte Ramon (1) et autres; cependant je verray dans les rolles que nous avons s'ils y sont tous. D'une chose je voudrois prier votre Révérence, de voir de terminer un jugement donné contre Madame la Vicontesse de Lavedan (2) pour les torts que nous avons en la directe de ladite dame pour le prieur[é] de Saint-Vincent au lieu de Beaucen (3), lequel jugement j'envoya à dom François pour nous faire faire la liquidation des arreraiges contre Forcade et Boneau, et pour faire payer les los et rentes de quelques terres, que ledit père poursuivit à Tholose. Nous aurions aussi besoin de la sommation faicte contre Calliau d'Arcisans (4), afin de la faire inthimer audit Dabbadie, avec sommation de nous payer la rente obituelle de 24 livres petitz et une livre et demie, ou autrement luy protester de tous despens, domaiges et interestz, et en conséquence luy faire bannir les fruicts qu'il a aux terres et biens de celle qui nous a legué la rente et luy faire donner après assignation aux requestes pour se voir adjuger les biens sezis selon l'advis que votre Révérence nous manda, il y a assez longtemps; et après nous vous renvoyerons le tout. Nous desirons faire cella de bon[ne] heure, afin que jugement en soit donné avant que les fruits soient prê[t]s à retirer, car s'il les retiroit nous n'en aurions rien, veu que c'est un chicaneur, et de plus que ledit bien nous est afaicté; car il n'est que gendre là dedans.

M. Pujo, chanoine de Tarbe, et frère de Monsieur le juge mage de Tarbe (5), nous a escrit pour nous prier de vouloir remettre nostre differant que nous avons pour la rente et les arreraiges touchant le prieuré de Saint-Orens en Lavedan à deux advocatz à Tholose ou à Tarbe; il se dit prieur, nonobstant qu'un religieux du prieuré de Saint-Orens d'Aux

Saint-Savin. Jaffé-Loewenfeld, *Regesta Pontif. Romanorum*, n° 11341. Original scellé, Archives des Basses-Pyrénées, H 148. Copie, Bibl. nation. ms. lat. 12695, fol. 345; Archives des Hautes-Pyrénées, H 97 (c'est sans doute la copie dont parle ici D. Hugues Calmeils). Publiée plusieurs fois, *Gall. christ.*, I, *Instru.*, 193; Migne, *Patrol. lat.*, tom. CC, 451; Bascle de Lagrèze, *Monographie de Saint-Savin*, 79.

(1) Donation de la vallée de Cauterets aux religieux de Saint-Savin par Raymond, comte de Bigorre (945). Copie, Archives des Hautes-Pyrénées, H 113; impr. dans Marca, *Hist. de Béarn*, 904; *Gall. christ.*, I, 1248; Davezac-Macaya, *Essais sur la Bigorre*, I, 139; Bascle de Lagrèze, *Monographie de Saint-Savin*, 12.

(2) Marie de Gontaud. Archives des Hautes-Pyrénées, B 20.

(3) Beaucens (Hautes-Pyrénées).

(4) Arcizans-Avant (Hautes-Pyrénées). Dans ce même département Arcizans-Dessus.

(5) Jean de Pujo, juge mage de Tarbes. Archives des Hautes-Pyrénées, B 20, 26.

le luy conteste (1); et nous desirerions bien que l'autre le gagnast contre luy, et seroit melhieur pour nous autres, car il est trop proche, et sondit frère a trop de crédit à Tarbe; et cependant faudra suspendre la poursuitte et nous mander, s'il vous plaist, votre advis, afin que nous en sortions le plus promptement que nous pourrons.

Pour celle de Saint-Justin, nous vous avons envoyé la seconde assignation sur deffaut; mais je croye quelle y sera arrivée trop tard, à cause que Monsr Salarié de la ville de Luz ne peut nous la faire tenir plustot à cause des grandes neiges qui avoient bouché les chemins qu'on ne pouvoit passer; car jamais homme vivant n'a veu la pareille chose, et ne cesse continuellement d'en tomber. Un lict de neige se deschargea sur une maison de neuf personnes qui estoient dedans; il ne s'en sauva q[u]'un petit enfant qui estoit emmalhoté dans un berceau qui se trouva à 50 pas de là sur la neige sans aucun mal; et de plus enfonça tous les estables et granges et tout le bestial qui se perdit. Pour Cautares, je croy que feront des jeûnes qui ne se trouveront pas dans le décalogue. Et audit Cauteres se brulla un jeune homme ces jours passés de trois qu'ils estoient, dans une grange, excepté la teste et une des mains, et la poche de ses chausses où il avoit son chappelet, et tout le reste feust réduit en cendres; et Monsr de Monblanc est si fort et puissant en ce païs, que voulant passer un jour la rivière du Gabe, il l'aresta plus de 4 à 5 heures durant sans passer outre. La santé est assez bonne céans, Dieu grâces, excepté le pauvre gouteux qui s'en va peu à peu, lequel soüette la participation de vos saints sacrifices et prières, comme cellui qui est,

Mon R[d] père,

Votre très humble et très obéissant serviteur,

Fr. Hugues Calmeils,
Moyne.

A St-Sevin, ce 4 mars 1644.

Avec votre permission, je saluеray le père Maistre et don Ensemble (Anselme) la Bourgade qui vous expliquera ce dessus; et si votre Révérence nous envoye un chappellet en paiant, car je perdeu le nostre, nous obligera infiniment.

Nous renvoions à votre Révérence un exécutoire et un appointement

(1) L'année suivante il se disait encore prieur de Saint-Orens en Lavedan Archives des Hautes-Pyrénées, B 36.

et un autre mémoire pour Saint-Tibery (1), qui estoient parmi les papiers que nous avés envoyés. J'ay apprins que le prieur de Saint-Justin est fils d'un advocat de Tholose qui s'appelle Monsieur Martres, et croy qu'ils respondront pour luy (2).

Cependant, Jean-Michel de Saint-Sivié, sans oublier sa famille (3), songeait à procurer à Saint-Savin les avantages les plus sérieux. Seigneur de dix villages situés sur la rivière de Saint-Savin (4), il ne fit pas assez au gré de D. Hugues Calmeils, sans doute trop exigeant. Le 11 juillet 1648, il donnait aux abbés ses successeurs et au chapitre des religieux de Saint-Savin, présents D. Pierre Pontalier, prieur, et D. Hugues Calmeils, sous-prieur, savoir la justice haute, moyenne et basse et greffe que ledit seigneur abbé avait acquis de Sa Majesté aux lieux de Saint-Savin, Adast, Nestalas, Soulom, Cauterets, Balagnas, Lau, Villelongue et Arcisans; faculté d'établir juges, consuls, et tous autres officiers nécessaires, conformément à l'édit de Sa Majesté, en paréage et par moitié entre l'abbé et les religieux (5). L'abbé voulut de plus être enseveli par les soins des religieux. Son testament, rédigé le 1er juillet 1642, portait : « Ordonnons la sépulture de notre corps être faite dans notre abbaye de Sainct-Sevin, au diocèse

(1) Abbaye de Saint-Thibéri (Hérault).

(2) Autographe. Archives de la Haute-Garonne, Daurade, liasse 191.

(3) 17 septembre 1649. — Contrat de mariage, au château de Savères (Haute-Garonne), diocèse de Lombez, sénéchaussée de Toulouse, entre noble Estienne de Montaud de Sainct-Sivié, seigneur de Visker (Hautes-Pyrénées), assisté de « Messire Jean-Michel de Montaud de Sainct Sivié, prebtre, abbé de Sainct Sevin, conseiller du Roy en ses conseils, seigneur et baron de Montaud, Beaumont et Sainct Sulpice Lezadois, son frère; de messire Hector de Terssac de Montberaud, etc., etc.; » l'abbé de Montaut donne à son frère les terres et baronnies de Montaut, Beaumont, Saint-Sulpice; les terres et seigneuries de Saint-Sivié, Arbouix, Cohitte et Visker, sans y comprendre les droits appartenant à noble Pierre de Montaut de Saint-Sivié, sieur d'Arbouix, son frère. L'abbé se réserve l'usufruit sa vie durant. — Acte insinué à Tarbes, le 10 janvier 1650. *Registre des insinuations*, Archives des Hautes-Pyrénées, B 721. Communiqué par M. G. Balencie.

(4) G. Balencie, *Sommaire description du païs et comté de Bigorre*, p. XXXIII, p. 17, note 1.

(5) Archives des Hautes-Pyrénées, *Registre des insinuations*, B 721. Communiqué par M. G. Balencie.

de Tarbes, et qu'en quel lieu que nous décédions, notre corps soit porté en notre dite abbaye et livré entre les mains des religieux réformés qui seront pour lors en notre dite abbaye, pour estre par eux enterré en tel lieu et place de l'église qu'il leur plaira, sans aucune autre pompe extérieure que celle qui est deue à un simple prêtre, aux frais et despens de notre bien (1). »

Il avait vraiment bien mérité de la Congrégation de Saint-Maur : elle ne lui a pas épargné les éloges. Il avait plus particulièrement mérité de l'abbaye de Saint-Savin : l'introduction de la réforme dans ce monastère fut son œuvre de choix; il l'enrichit de biens même après sa mort. Toulouse ne peut oublier qu'elle lui doit d'avoir eu le séminaire Saint-Louis, qui fut l'origine du noviciat des Bénédictins de la Daurade; c'est ce noviciat qui rendit les abbayes et prieurés du Midi appartenant à la Congrégation de Saint-Maur tributaires de cet antique monastère jusqu'à la Révolution.

(1) Archives des Hautes-Pyrénées, *Registre des insinuations*, B 721. Il laissa une chapelle, qui fut l'occasion de la déclaration suivante par son frère :

« Je soussigné déclare que la chapelle de feu mon frère est cachée au lieu où il avoit acoustumé de cacher son argent à Sent Sevier, qui est au plus haut plancher de la tour neufve, du costé du verger; bastic ladite chapelle est dans une liète fermée à clefs, et ladite liète est cachée au long du toit à main gauche entrant dans ledit plancher. Il y a un vuide le long dudit toit, où l'on trouvera la chapelle en y mettant le bras et la main bien avant; plus l'on trouvera 2000 liv. en or et en argent dans ma malle; ladite malle est à présent à Montaud. Fait à Saint Sevier, le 23 décembre 1654. Signé : Montaud Sent Sevier. » Ibid. Communiqué par M. Balencie.

Les Archives des Hautes-Pyrénées contiennent au fonds H vingt-deux liasses ou registres, H 95 à H 117 (945-1790), reconnus et classés par M. Paul Labrouche, archiviste.

Auch, imprimerie et lithographie G. FOIX, rue Balguerie.

www.ingramcontent.com/pod-product-compliance
Lightning Source LLC
LaVergne TN
LVHW010108230826
846091LV00005B/2142